# 理智斷線

不暴走，不傷人
最科學的有益發怒法

中野信子——著
林詠純——譯

BLOW UP

# 目錄

前言　發怒，也需要技巧和經驗……015

## 第一章　有益的發怒法，有害的發怒法

「憤怒」是人的自然情緒……021
成功的人，懂得如何聰明發怒……024
「好人」有兩種……027
「有益的發怒」與「有害的發怒」……029
避開「理智容易斷線」的人……031
學習「發怒」這項溝通技巧……033

不懂得「生氣」會被壓榨 035
說不定，還有被洗腦的危險 038
不懂得回嘴的人，容易成爲霸凌對象 040
想要生存，就要學會「發怒」 043

## 第二章 發怒時，大腦發生了什麼事？

發怒的科學 047

### 1 保護自己，發揮戰鬥功能 047

「戰鬥荷爾蒙」去甲基腎上腺素 047
去甲基腎上腺素讓身體產生的變化 049
人類的歷史就是戰鬥的歷史 051
運動員與格鬥家不可缺少的荷爾蒙 053

戰鬥荷爾蒙，也是「逃跑荷爾蒙」……054
2 壓不下的怒火……056
前額葉皮質功能不佳，讓人變得易怒……056
老化造成的前額葉皮質萎縮……058
爲什麼越老越頑固？……060
3 攻擊他人能帶來愉悅……062
前額葉皮質過於活躍的人……062
正義使者的快感來自多巴胺……064
4 青春期的騷動……065
爲什麼青春期的男孩動不動就發脾氣？……065
女性也有睪固酮？……067
5 家人或伴侶變得具有攻擊性……068

殺害家人的案件增加……068
什麼是催產素？……070
由愛而生的強烈憤怒……071
正因爲是丈夫/妻子，所以更不能原諒……073
**6 源自不安或嫉妒的暴怒**……075
讓人安心的血清素……075
我得不到的，其他人也別想要……076

## 第三章 如何與容易暴怒的人相處

**案例1 控制狂主管的職權騷擾**……083
哀兵效應，讓你避免成爲目標……083
人類的歷史，就是支配的歷史……084

清楚標示對方難以闖入的領域 …… 086

**案例2 以侮辱性言語貶低他人的同事或主管** …… 089

一開始就要讓對方察覺，他的行爲有多卑鄙 …… 089

克服不安與恐懼的「系統減敏法」 …… 090

經驗談：如何成功改善與嚴厲主管的關係 …… 093

**案例3 言語與行動變得粗暴的叛逆期少年** …… 095

青春期的男孩難免好鬥 …… 095

相信孩子可以獨立，用身教取代言教 …… 097

**案例4 永遠不耐煩，就是要頂嘴的青春期少女** …… 099

與女兒設定相同目標，一起奮鬥 …… 099

**案例5 一握住方向盤就「變身」的駕駛人** …… 101

開的車越高級，越容易分泌睪固酮 …… 101

多巴胺分泌時，說什麼都沒用 …… 103
案例6 只對家人施暴與虐兒者 …… 104
夥伴意識助長憤怒 …… 104
「有愛就不會施暴」的矛盾 …… 107
我只是在管教，才不是虐待 …… 108
受虐者的依賴性 …… 111
案例7 一被部下指出錯誤就惱羞的上司 …… 112
悄悄修正，讓當事人察覺 …… 112
花點心思讓對方分泌催產素 …… 114
案例8 被害意識強，容易小題大作的抱怨者 …… 116
「遭到忽視」的被害情緒 …… 116
不要試圖靠自己的力量解決一切 …… 118

妄想性人格障礙……120
案例9 嫉妒其他孩子的才華、刻意找碴的媽媽友……121
降低嫉妒的最有效辦法……121
案例10 平常很溫馴，卻會突然暴走的人……124
只要改變認知，就能避開攻擊……124
案例11 疑神疑鬼、容易發飆的「暴走老人」……128
年長者容易發怒的理由……128
疑神疑鬼的理由……129
就算上了年紀，也能鍛鍊腦力……132
案例12 為難店員、不聽話就生氣的奧客……134
「翻臉就會贏」的價值觀……134

## 第四章 與容易暴怒的自己相處


案例1 覺得自己最近變得易怒……139
你的易怒，很可能是錯覺……139
記錄怒氣的引爆點……140
案例2 從小就易怒，又改不掉的人……142
易怒的性格會遺傳嗎？……142
一被要求建立關係就會發怒的逃避型依附者……144
多數女性屬於焦慮型依附者……145
兼具逃避型與焦慮型特徵的紊亂型依附者……146
不易發怒的安全型依附者……147
大腦也能砍掉重練……148
化憤怒爲能量……151

案例3 對認識的人溫柔，卻容易對陌生人爆氣 152
沒有人際關係的地方，就不需要壓抑憤怒 152
說不定會被認識的人看到 154
案例4 被找碴就回嗆，一不小心就吵起來 155
就算被找碴，也能巧妙回嘴不爭吵 155
不落入言語陷阱 158
案例5 對男性輕蔑女性的性騷擾發言感到煩躁 160
透過表情展現失望 160
案例6 突然覺得不安、爆氣和小憂鬱 163
在生活中多多留意 163
容易憂鬱的人 165
不習慣對自己太好 167

保護自己的漂亮反擊 …… 168

## 第五章 策略性發怒說話術

別當好人！ …… 173
「好人」不擅長吹牛 …… 174
一旦發現自己吃虧，就應該反擊 …… 176
「好人」也不擅長議論 …… 180
情緒可以氣憤，但言詞不能失控 …… 183
給人不好惹的感覺 …… 185
用幽默傳遞事物的本質 …… 187
給對方臺階下 …… 190
不做自己不擅長的事情 …… 191

193……畫出自己的底線
195……先捧人，再指責對方的行動，但不能詆毀人格
197……面帶笑容，堅持主張
199……自我肯定訓練
202……培養「語言運用力」
205……不傷人的發怒，是重要的武器

前言

# 發怒，也需要技巧和經驗

你是否也有這樣的煩惱？

「孩子進入青春期後，變得叛逆又暴躁，每天都得小心翼翼地應對。」

「明明是上司莫名其妙對我發火拍桌，但我又不能反駁。」

「客戶硬是把難搞的問題推給我，結果到最後，還是只能照他說的做。」

或者是：

「跟女兒吵架時，忍不住理智斷線，暴怒到不行。」

「只要心裡覺得不安，整個人就會變得既暴躁又具有攻擊性。」

## 「父母以前明明都很溫良恭儉讓，怎麼年紀越大越容易生氣？」

被生氣暴怒的人牽著鼻子走，固然是件讓人吃不消的事，但無法把自己難受的情緒告訴對方，同樣也會累積壓力。

「爲什麼會這麼生氣呢……」「如果對方能多體諒我一點就好了……」儘管心裡這麼期盼，但只要是人，誰都有可能萌生怒氣；更何況，對方也不太可能因爲體察你的心情，就改變自己的言行吧？

該怎麼反擊，才能既不受對方的怒氣與情緒化的言行擺布，又能巧妙地發洩自己的怒火呢？

這時候，需要的是技巧與經驗。

問題在於，很多人根本沒想過，生氣也是一件需要技巧與經驗的事。

因爲有太多人覺得，最好的方法就是什麼都不要說，只要忍耐一下，事情就能圓滿收場。

但大家必須知道的是，在這個世界上，既然有忍耐以求圓滿的人，就有人會利用這些人的善意，企圖藉此支配對方。別人越是忍耐，他們就越想占盡對方的便宜。

雖然應對方式因人而異，但面對他人自我中心、毫不在意周圍反應的情緒與不合理的言行，還是要以「技巧性的發怒」來抵抗。

其實我自己也很不擅長把發怒當成反制的手段。

所以才想藉著本書，探討該如何抵抗，才能既與對方保持良好關係，又能保護自己。

本書的第一章將說明人爲什麼需要生氣，以及「有害的發怒法」與「有益的發怒法」。

第二章將探討在暴怒的當下，人類大腦所發生的現象，並分析誘發、助長怒氣的原因。

第三章與第四章，將分別透過案例，介紹如何應付容易理智斷線的人，以及如何與容易生氣的自己相處。

最後，第五章將以活躍於各界的達人們爲例，探討什麼是「策略性發怒」、該如何運用言語巧妙反擊，以及反擊的重點。

本書介紹的反擊案例，其實都只是少數。請大家把焦點擺在「發怒的技巧」，讓這些技巧不但能成爲保護自己的「盾牌」，也能化爲自己的「優勢」。希望本書能成爲各位與我一起持續學習發怒技巧的開端。

第1章

# 有益的發怒法，
# 有害的發怒法

## 「憤怒」是人的自然情緒

有些人因爲控制不了煩躁的情緒，做出衝動行爲，與周遭人們發生糾紛。另一方面，也有人因爲無法表現出自己的憤怒，而爲工作或人際關係煩惱不已。

想必每個人或多或少都有類似的經驗：理智斷線的時候，隨手拿起物品亂丟，或在別人身上發洩怒氣，事後才深感後悔；或是遭受言語羞辱時，因爲無法確實說出自己的意見和主張，而承受莫大壓力。

爲什麼人們會因爲發怒而後悔？爲什麼寧可承受對方的怒氣，也拒絕用生氣的方式回應？我想，追根究柢是因爲我們把「生氣」視爲源自於「憤怒」這種負面情緒所引發的問題行爲。

事實上，憤怒也好，煩躁也好，都是任何人會感受到的自然情緒，也是大腦與生俱來的自我保護機制。只不過，儘管理智上可以理解這樣的說法，但面對自己煩躁的心情，或承受別人激烈的怒氣與具攻擊性的語言時，還是會感到相當難受。

於是乎，即使心懷憤怒，我們也希望自己盡可能不要發洩出來；別人生氣時，我們同樣不想被對方的行爲波及。

如果無論如何都不想生氣，或是不想承受他人的怒火，那麼關在家裡不出門、不見任何人、不上網也不看電視，完全避免與外界接觸，或許是個方法。

但大部分的人都不可能這麼做。更何況，憤怒對人類而言，是一種自然且必要的情緒，即使自己一個人獨居，怒氣也很有可能隨時產生，說不定還會對自己生氣呢。

換言之，人只要活著，就無法避免與「憤怒」打交道，學會如何處理這種情緒也有其必要。

另一方面，與人相處時，必定會碰到彼此意見不合的時候。遇到這種情況，想必有人覺得，只要自己稍微忍耐一下、配合對方，事情就能圓滿收場。

如果對方沒有惡意，要圓滿解決或許還有機會；但要是對方心懷惡意，這種做法反而很有可能遭到對方任意利用。

很多人會根據對方比自己「高尚」或「低下」，決定彼此的人際關係，好比地位、年齡、財產、身材、美醜……等等。如果對方看起來比自己「低下」，即使心裡沒有惡意，也往往會輕視、瞧不起對方，甚至把別人當成好用的工具。

這種時候，被看不起的人如果無視自己心裡的憤怒，只是一味壓抑這樣的情緒，那麼不只將承受對方的壓迫，就連自己也會把自己逼入絕境。

請把「你的話不合理」「我不會對你言聽計從」「我很生氣」表現出來，依情況而定，有時甚至還必須抵抗。

不過我想，這個世界上應該有很多人，即使遇到該發怒抵抗的情況，也無法發脾氣。畢竟我自己並不是擅長生氣或吵架的人，看到有人能在恰到好處的時候巧妙運用怒氣，讓別人接受自己的主張，也會覺得羨慕。

## 成功的人，懂得如何聰明發怒

看日本的綜藝節目時，我發現在節目上巧妙利用「怒氣」或「翻臉」炒熱氣氛的當紅藝人，比想像中還多。

例如松子DELUXE、有吉弘行、坂上忍等擁有冠名節目（即節目名稱中加上了某個人物／團體的名字，例如臺灣有線電視也有播映的《有吉君的正直散步》《松子不知道的事情》等）的主持人，他們靠的都不是敦厚有禮的角色塑造，而是尖銳辛辣的吐槽，有時甚至還會故意放大音量，表現出不爽的樣子。換句話說，他們在舞臺上的人物設定，是「愛生氣」的角色。

從以前開始，電視圈就有許多靠翻臉走紅的藝人，或是在政論節目的緊要關頭時爆氣的作家、評論家與名嘴。

當然，他們並不單純只是理智斷線，而是迅速判斷狀況，在絕佳的時機挑選適當的語言，聰明地展現怒氣。所以即使看似言語犀利，也絕對不會傷害或打擊別人。

他們以看似顯露眞性情的怒火，強化了現場的張力，藉此炒熱場子；同時也因爲直白地講出大家想說卻不敢說的話，獲得眾人的共鳴。再者，他們也透過發怒，以「認眞到生氣」的氣勢席捲全場，博得眾人的贊同。他們的怒火不僅沒有讓在場的人覺得畏縮，甚至能讓所有人融爲一體，創造出協調的氛圍。

另一方面，他們生氣時所說的話也沒有偏離重點，所以不會造成對方厭惡，反而能因這種回嘴方式帶來好感，讓對方稱讚「說得好」。

有一次我上節目時，曾被有吉先生當面吐槽，那時候不但不覺得生氣，反而忍不住開心地想「原來他有認眞觀察我」，同時也感到欽佩，心想：該怎麼回話，才能像他一樣呢？

「發飆」對於容易落入俗套的電視節目而言，是不可或缺的事物。不只演藝圈如此。

除了前面所說的「電視文化人」之外，能在政界或商界占有一席之地的成功者，都不是所謂的好好先生或怎樣都不生氣的人，而是懂得在該發怒的時候確實表現出來的人。

該翻臉的時候就應該翻臉，不要累積憤怒，因爲技巧性的發作，能夠抓住許多人的心，穩固自己的立場；而且正因爲發怒時會表露出強烈的情緒，才更具震撼力。

換句話說，「發怒」這項行爲是獲得成功不可或缺的溝通技巧，只要巧妙運用，就能在人際關係中建立自己的立足點。

## 「好人」有兩種

一般認爲，總是態度和善、面帶溫柔笑容的人——換言之，「不會生氣的人」，就是「好人」。但「好人」眞的是這樣嗎？

好人有兩種。

一種是人品高尚、能獲得他人信賴，也就是「値得尊敬的好人」。另一種則是容易被別人壓榨、使喚的「鄉愿型好人」。

如果可以選擇，你想要哪種「好人」當自己的上司呢？

就算失敗了，「鄉愿型好人」也絕對不會嚴厲斥責你；但另一方面，當客戶或其他部門丟來棘手難題時，他也不會抗拒，甚至還會笑瞇瞇地照單全收。

「鄉愿型好人」絕對不會翻臉，不會暴走。因爲不生氣、態度親切，所以看起來好像很容易親近，但眞正遇到困難的時候，這樣的人無法發揮作用，甚至還會遭人輕視。

至於「值得尊敬的人」，不一定總是會溫柔對待身爲部屬的你，當你犯錯的時候，仍會嚴厲指責「這樣做是錯的」。

不過在需要的時候，即使面對的是客戶或其他部門，這樣的人仍能堅持自己的立場、主張自己的意見。這種人有時也會在職場上跟別人大小聲，但是他們之所以發怒的緣由，卻能得到旁人的共鳴與贊同，所以具有說服力，讓人信服。

只是在某種意義上，這種「值得尊敬的好人」也有弱點。尤其是在把「逢迎拍馬」「多做多錯，不做不錯」「揣摩上意」視爲晉升手段的公司或組織裡，這樣的人難免容易遭到高層刁難或打壓。

那麼，究竟是當個「鄉愿型好人」有利，還是「値得尊敬的好人」比較好？這就要看置身於什麼樣的公司或組織。

至於想成爲什麼樣的好人，則要視你對「好人」所抱持的價值觀而定。本書則以成爲「值得尊敬的好人」爲目標進行論述。

在未來的時代，不只公司，整個社會都很容易發生改變——在日本，終身雇用制也已瓦解，現在早就不是服從於一家公司或組織的階級制度，就能獲益、甚至生存下去的時代。在這樣的時代裡，能清楚表達自己的意見、對不合理的事情挺身而出、懂得當一個「值得尊敬的好人」，或許更爲有利。

## 「有益的發怒」與「有害的發怒」

在腦科學中，「憤怒」屬於人類不可或缺的情緒之一，所以問題並不在於「覺得憤怒」，而是該如何控制這種「發洩怒火」的行爲。

包括我在內，凡是不知道如何善用生氣技巧的人，若想控制這種行爲，就必須先了解，發怒分成兩種：「有益的發怒」與「有害的發怒」。

首先，來談談「發怒的時機」。

即使只是一點小事，情緒也像快煮壺一樣瞬間沸騰，立即爆發；或是一味忍耐，直到忍無可忍的時候，才將長期累積的怒氣一股腦地發洩出來，這都是「有害的發怒」。

「有益的發怒」則是坦率接受自己的情緒，盡可能抓住能減輕壓力的機會，在適當的時機，恰到好處地表現出自己的憤怒，並將想傳達的事情表現出來。

接著，我們來看看「發怒後行動」的差異。

不論怎麼說，暴力行爲當然是最糟糕的方式，但發洩完畢後的言語和態度、發怒的內容與程度等，能否獲得對方與旁人的諒解，或者只是自顧自地洩憤，都會影響發怒方式的好壞與對錯。

採取「有害發怒法」的人，徒然讓憤怒控制了自己，任憑怒火肆虐，做出衝動行爲，還把周圍的人全都牽連進去。到頭來，除了對方，也讓許多人覺得討厭，甚至連自己也留下了不愉快的回憶，導致事態變得無法挽回。更遺憾的是，這種方式不僅無法讓最重要的對象——讓你生氣的那個人——了解自己眞正的想法或事情的本質，反而還因此讓對方占盡優勢。

請回想一下自己生氣暴怒時的情況。如果你發現自己會情緒化地突然發脾氣，而事態不僅沒有因此改善，反倒更加惡化，那麼這種生氣方式就是有害的。發現憤怒開始在內心萌芽時，爲了能有效地抒發、處理情緒，並讓怒氣轉換成有效的溝通手段，我們必須了解，該用什麼方式生氣，才能帶來策略上的優勢。關於這種策略性的發怒法，將在第五章提出具體案例解說。

## 避開「理智容易斷線」的人

就算自己不生氣，身邊也可能圍繞著具攻擊性的人，或是會以很糟糕的方式生氣的人。

遇到這種情況時，必須依當事人的個性或生氣的原因等，改變處理方式。「生氣」是基於「憤怒」這種情緒所引發的行動，而憤怒是人類與生俱來的本能。只要以腦科學的觀點，分析從「憤怒」到「生氣」的過程，就能找出有效的處理方法。詳情將在第二章之後介紹。首先，如果你剛好認識這種容易以不當方式生氣的人，最好的做法，就是盡量避免接近他們；畢竟靠過去也沒什麼好處，多一事不如少一事。為了避免被突如其來的怒火波及，也最好能看清楚哪些人有這種傾向，並對這樣的人敬而遠之。

不過，有些情況是無論如何都避不開的吧？譬如公司的同事、上司，學校裡的老師、同學，或是家人等，就算想避開也很困難。

這種時候，希望你不要忘記，毅然決然地辭職或休學——與對方拉開物理上的距離，也是一個選項。

或許有些人對辭職抱有罪惡感，但要是每天都必須與暴躁易怒的人打交道，導致工作根本做不下去，卻還是堅守崗位，我想這對任何人都沒有好處。比起失去退路、得到精神方面的疾病，甚至選擇自我了斷這個最壞的結果，還不如冷靜地把「辭職」當成選項之一。

## 學習「發怒」這項溝通技巧

雖然我們可以選擇盡量對易怒的人敬而遠之，或是逃離這樣的環境，但學著應付對方的怒氣，練習把對方丟過來的「球」拋回去，應該還是比較好的做法。這裡所謂的「球」，指的是「語言」與「態度」。換句話說，就是盡可能多記住、多練習該展現出什麼樣的態度，以及如何回嘴，才能避免再次遭受相同的攻擊。

如果只懂得用「我不幹了」「我去死好了」之類的極端話語回敬，或者一個勁地用沉默、忍耐來處理，問題只會變本加厲。各位可以先在公司或身邊找出擅長應付怒氣的人，仔細觀察並向他們學習。有些技巧高明的人，不但能避開對方盛怒的情緒、展開交涉，甚至還能把憤怒化爲笑料，等到對方冷靜時，再予以反擊。

重點在於學習語言的使用方式。

在國民教育中，有「國語」這一門。在這門課程裡，我們學習字句的寫法和如何使用話言的文法，並透過閱讀、背誦和書寫，來解讀文章的意義。

但我們卻沒學過如何在人際關係中，有效使用語言做爲對話與溝通的手段，學校也從來不教這個。不過在國外，學校不只會告訴學生霸凌的不當之處，也會利用角色扮演，讓大家練習遇到霸凌時該如何反擊。我認爲，各級學校都應該提供更多機會，好讓學生學習如何在不製造敵人的情況下，巧妙地使用語言保護自己才是。

應付易怒的人、熟練運用自己的怒氣，是生活在現代社會不可缺少的溝通技巧，而且是任何人都能學會的，與天分一點關係也沒有。

## 不懂得「生氣」會被壓榨

話說回來，有些人之所以不生氣，是因爲並不覺得自己有多憤怒，但另一方面，也有些人雖然憤怒，卻無法發洩出來。

不論是哪一種，這些不生氣的人在現代社會中，會遭遇什麼樣的對待呢？遭人任意利用，就算遇到可以稱爲詐騙的狀況，也不會生氣；或是即使生氣，也忍耐著不發作。別人是怎麼看待這些人的？會認爲他們是胸襟開闊、品格高尚的人嗎？不，這些人只會被當成「肥羊」。

他們的金錢與時間將會被無限制壓榨。周圍的人或許會因爲擔心而替他們生氣，但如果當事人自己不「硬」起來，好好面對的話，就算旁邊的人再怎麼表示不滿，壓榨者的改變仍然十分有限。

萬一對方是個難纏、可怕，或需要花很多工夫對付的人，就更不用說了，根本無法期待別人認眞幫自己解決；畢竟只有自己，才能認眞思考自己的狀況與人生。

當自己的利益蒙受損害、遭到壓榨、承受對方的壓力時，就算再怎麼討厭發火或不習慣生氣，只要自己的確對此感到憤怒，就應該以具體的形式好好向對方展現自己的怒氣。因爲這些懷著惡意占他人便宜的人，總是在尋找不懂得反抗的目標，瞄準他們持續攻擊。

當然，常常發怒或許會給人難搞的印象，但是遇上不得不生氣的時候，習慣這麼做的人絕對會比不習慣的人有利。

人生在世，總有些人會試圖在各種場合壓榨、竊取別人所擁有的資源。就算再怎麼認爲這種事很少見，卻不代表它不存在。

譬如搭乘高鐵或新幹線的商務車廂時，遇到叫別人讓座的人。這個人若無其事地說：「你看我這麼累，車子又這麼擠，讓個位子給我吧。」雖然我們很難想像竟然有人會這麼不要臉，但如果對方看起來絕非善類，或是一副理直氣壯、大聲嚷嚷，好像要找人吵架的樣子，膽小怕事的人或許就會把位子讓出來。

當然，如果對方看起來很不舒服，或是年紀很大的老人家，我們說不定會覺得把位子讓出來也無所謂；但如果你只是因為不知該如何反駁而讓座，就是遭到對方的壓榨。

這時候，就要看你敢不敢回嗆：「這是我買的位子。我已經付了該付的錢，有正當的權利坐在這裡。你要求別人讓位的行為，已經算是竊盜或恐嚇了！」

能否以「正當的憤怒」保護自己非常重要；換句話說，就是在別人對自己提出不當要求時，不但能察覺這項要求不合理，還能進一步表達自己的怒氣。

如果發怒有所謂的好壞之分，那麼「好的發怒」指的就是正當的憤怒，以不容妥協的態度把自己的心情與想法傳達給對方。至於「壞的發怒」，則是以自我為中心，任性地將怒火隨便發洩在對方身上。

「好的發怒」是珍惜自己的第一步，無論如何都得先練習這麼做才行。

此外，會遭到壓榨的不只有金錢，還有立場、時間、動力……等。好比前面提到硬是要別人讓座的例子，也是一種壓榨的行為。

如果我們無法表現出自己內心正當的憤怒，也不懂什麼是「好的發怒」，甚至有可能因為這樣而失去重要的東西。

## 說不定，還有被洗腦的危險

不懂得反擊，也可能變成洗腦或思想控制的開端。家暴案件中的施暴者與受害者往往都屬於這種關係。企圖控制他人的人，首先會先觀察對方是否對自己言聽計從。

試圖控制他人思想的人有項特徵，那就是剛開始的時候，會對聽話的人很溫柔，藉此漸漸取得對方的信任。

但過了不久，只要對方稍微表現出反抗的樣子，或是提出自己的想法，控制者的態度就會丕變，推翻、打擊或根本不承認對方的意見。他們透過「鞭子與糖果」的反覆操作，逐漸建立起支配關係。洗腦就是剝奪他人的思考，使對方服從自己，藉此壓榨他人。當一個人被洗腦到只會服從，就會覺得不思考比較輕鬆。

不只是家暴這種個人與個人的關係，社會或組織與個人的關係也是如此。說來雖然令人感到悲哀，不過人類是重視階級的社會化生物，天生就覺得服從強大的事物比較輕鬆。而儘管不到放棄抵抗的程度，但長期服從一方面會讓人逐漸失去自己的裁量權；另一方面，服從者也不會再遭到自己所屬的社會或組織攻擊。

於是身處其中的人開始覺得，不去思考社會與組織中既有的問題比較輕鬆。

因爲只要一切都遵守社會或組織的「常識」「習慣」「現狀」，除了不需要再花腦筋，自己的日子也比較好過。

這些身心都服從於社會與組織的人，會把裡頭的「異質」當成擾亂和諧的事物，進行攻擊，使得逃離這樣的環境變得非常困難——要不就是被消滅，要不就是被同化。因此，一旦覺得自己有被洗腦的可能，就必須盡快透過「發怒」的方式，讓旁人知道自己不是個好搞定的對象。

在人際關係中，我們必須從一開始就展現出「洗腦或思想控制對我沒用」「只要遇到不合理的事情，我絕不會善罷干休」的態度；而在社會與組織當中，也應該讓別人看清楚，自己是個能說敢衝，不輕易妥協的人。

## 不懂得回嘴的人，容易成為霸凌對象

以孩童之間的霸凌爲例，剛開始很可能只是單純的「開玩笑」或「捉弄」。

不過，有些孩子被捉弄時會反擊，有些卻不會。那麼，什麼樣的孩子較有可能淪爲霸凌對象呢？答案是乖巧、不懂得反擊的孩子。

就算最初只是個玩笑，但捉弄的人一定會觀察對方的反應。如果發現對方不會反擊，玩笑往往就會變本加厲，最後演變成霸凌。

而且霸凌一旦開始，就非常難以遏止。更令人遺憾的是，孩子必須自己想辦法在這樣的社會與環境中生存。那麼，該怎麼做才能保護自己呢？

熟練地運用「憤怒」，就是在名爲「學校」的社會中生存下去的一項武器。發火掀桌遠遠好過於一逕沉默忍耐，甚至最後走上絕路。

當自己被他人嘲笑「白癡」或「矮冬瓜」的時候，如果能回一句「用歐美的標準來看，你應該也是個矮冬瓜吧」或者「矮一點比較環保節能啊」，雖然聽起來輕描淡寫，至少能讓對方知道你不好惹。

進一步來說，即便覺得「他說得確實沒錯」，也必須要反擊。因爲重點不在於對方說得對不對，而是能否把「就算事實如此，也輪不到你來說嘴」的態度表達出來。

如果事態即將演變成霸凌，只要撂下一句「你這樣做是犯罪」，就很有可能改變對方接下來的行動。

一旦覺得自己遭受了不合理的對待，就必須把憤怒表現出來。當然，問題或許沒有那麼簡單——如果霸凌的行爲因自己的反抗而變得更加嚴重，就一定得逃跑；如果有必要，甚至可以休學或轉學。

這本書想要傳達給各位的是，發怒不一定只會帶來負面效果。

舉例來說，有自信的人、強勢的人，或許不需要發怒就能壓制別人。然而多數的人未必具備這樣的特質，也就很難順利地向別人傳達自己的主張，或是表達反對意見。所以有意識地一口氣踩下名爲「發怒」的油門，就是保護自己的必要行動。

## 想要生存，就要學會「發怒」

不只孩子需要求生，即使長大成人，這般過程依然會持續下去。

比如說，有些人因爲受不了上司的粗暴言語及職權騷擾而罹患精神疾病，並因此辭去工作；最壞的結果是因無法辭職而自殺。這種事讓人不禁疑惑：「爲什麼他／她會這麼聽主管的話？」

事實上，越是這樣的人，越是認眞敬業；同時，他們也往往謹愼多慮，不敢反駁上司、提出自己的意見。

但是等到自己察覺問題的時候，已經太遲了。周圍關心的話語早就無法進到心裡，所有的憤怒全都變成朝向自己。如果能在事情剛開始、心理狀態還很健全的時候，就把粗暴的言語頂撞回去，或許就不會被逼到這種絕境。彼此剛開始接觸時的表現，對於建立人際關係而言非常重要。自己敢不敢在那個時候反抗，將大幅左右日後的關係。

教育或許也是我們不擅長生氣的原因。學校一直教我們「溫良恭儉讓」「有話好好說，不能動不動就生氣」，這樣的背景使得「好人不生氣」的印象根植於我們的內心。

另一方面，學校也不教我們如何說話——至少在課堂上，幾乎沒有任何機會教學生如何使用語言表現自己的「憤怒」並進行反抗。本書也一再強調，希望各位可以學會用發怒保護自己，確實表現出自己的情感，而不是只會情緒性地胡亂發洩。

不論大人或孩童，大家都應該了解，學會「發怒的技巧」對於在這個社會求生存，是多麼必要的工具。

第 2 章

# 發怒時，大腦發生了什麼事？

## 發怒的科學

爲了避免被別人的怒火波及，也幫助自己透過「聰明的發怒」，以免自身資源遭到剝削，本章將試著透過科學方法分析人類「發怒」的機制。理解發怒背後的機制，就能控制自己憤怒時的行爲，並進一步看見別人生氣的原因、時機及如何應對。

# 1 保護自己，發揮戰鬥功能

### 「戰鬥荷爾蒙」去甲基腎上腺素

生氣之前，會先感到憤怒。當人類感受到強烈的怒氣時，大腦會發生哪些變化呢？

一般認爲，去甲基腎上腺素與腎上腺素是造成憤怒的主要腦內物質。

和多巴胺、血清素等一樣，去甲基腎上腺素與腎上腺素是神經傳導物質的一種。尤其是去甲基腎上腺素，它能對壓力產生反應，使神經變得亢奮，除了是一種能振奮精神的荷爾蒙，也能讓人感受憤怒與興奮，因此也被稱爲「戰鬥荷爾蒙」。

當我們遭受極度不合理的對待或感受到危險時，大腦皮質會受到刺激，促使去甲基腎上腺素分泌，使大腦變得亢奮、具有攻擊性。

但另一方面，大腦的其他部分也會出現反應，這個部分就是掌管恐懼與不安的杏仁核。當大腦因爲去甲基腎上腺素的分泌而亢奮時，也會因爲杏仁核的反應出現害怕或厭惡。這時候的大腦所呈現的，就是「憤怒」的狀態。

## 去甲基腎上腺素讓身體產生的變化

去甲基腎上腺素是許多動物都會分泌的原始物質。以動物爲例，牠們在什麼時候會感受到強烈的憤怒呢？那就是「攻擊」企圖加害自己的事物時。爲了進行攻擊，必須活化大腦與肌肉，而去甲基腎上腺素的分泌，可以讓神經變得亢奮，使大腦與身體處在戰鬥狀態。

去甲基腎上腺素的分泌，會讓身體產生以下變化：

- 心跳加快、血壓與血糖上升
- 注意力提升
- 對疼痛變得遲鈍
- 瞳孔放大
- 使身體處在亢奮狀態、專注力提高

- 熱情與動力提高
- 記憶力增強
- 抗壓性增強
- 腎上腺素分泌

具體來說，大腦因爲去甲基腎上腺素的運作而覺醒，專注力、注意力與判斷力都跟著提高。此外，爲了將足夠的氧氣與養分送到肌肉，心跳會加快，血壓也跟著上升。

這種發怒的機制也同樣運作在人體上。當人類感受到強烈憤怒時，會因爲去甲基腎上腺素的濃度提高，產生臉色漲紅、心跳加速、聲音與雙手顫抖等身體反應。因過度亢奮而無法冷靜下來的表現，正是「戰鬥荷爾蒙」去甲基腎上腺素濃度提高的證據，這代表身體的所有細胞正開始專注於戰鬥上。

另一方面，分泌去甲基腎上腺素時，也會同時分泌腎上腺素。去甲基腎上腺素主要作用於神經，腎上腺素則主要作用於肌肉，所以能使肌肉強化，具有增加身體供氧量的效果，也可以提升肌耐力。腎上腺素的分泌，能讓處在戰鬥中的人類更加發揮力量。

## 人類的歷史就是戰鬥的歷史

一般認爲，現代的都市生活與日常中，已經不太需要「戰鬥荷爾蒙」去甲基腎上腺素與腎上腺素了；然而沒有戰鬥、不需要拚搏的環境，在人類的歷史當中其實是很少見的，因爲人類的歷史，可說是戰鬥的歷史。

即使沒有戰爭，不需要對抗外敵，在狩獵採集時也必須與獵物搏鬥。換句話說，不論是與同伴和平相處的模式，還是戰鬥模式，對人類而言都是必要的。

當我們察覺危機逼近、必須挺身而出時，就會分泌腎上腺素等荷爾蒙，讓大腦與身體切換成戰鬥模式。

你或許也有這樣的經驗：明明只是口頭爭執，並沒有打算使用蠻力，雙手卻依然會顫抖、腦子一陣發熱？這就是去甲基腎上腺素等荷爾蒙的效果。腎上腺素的分泌，會使得血糖與血壓上升，臉色於是跟著漲紅。我們時常以「氣血上衝」或「氣得臉紅脖子粗」等形容詞來描述當一個人發怒時的樣子，其實非常貼切。

雖然不建議在公共場所爆發怒氣，但憤怒確實是必要的情緒。

在現代社會中，一個人生氣的樣子會讓周遭的人覺得不舒服。但是人類歷史中有很長一段時間，都是懂得生氣的人才能立下戰功、平步青雲的時代。因爲一直以來，擅長戰鬥的人總是比不擅長的人更容易出頭，所以人類至今仍保留了「生氣」的能力。

事實上，直到今天，人們依然會服從透過發怒控制場面的人。「生氣的人就能掌握現場主導權」，這種結構至今依然沒有改變吧？

## 運動員與格鬥家不可缺少的荷爾蒙

不容易憤怒的人，很少分泌這類戰鬥荷爾蒙。他們雖然能在和平、安全網牢固的地方生存，但若是情況有變，說不定就很難存活下去。

除了求生存，憤怒對發揮自己的能力也有所必要。

即使在現代社會，腎上腺素對格鬥家與運動員來說，仍然是重要的荷爾蒙。雖然他們平常就很習慣戰鬥與競爭的環境，但去甲基腎上腺素與腎上腺素並不是只要對手一出現，就能順利分泌的東西。透過經驗，他們得知如果不分泌這類物質，就無法提升運動能力，所以會藉由拍打自己的臉部與身體，或大聲喊叫來自我鼓舞。這是刻意透過自我施壓，好促進去甲基腎上腺素的分泌。換句話說，他們讓自己的身體處於憤怒狀態，藉此提升表現。

## 戰鬥荷爾蒙，也是「逃跑荷爾蒙」

腎上腺素雖然可以提升運動機能，但特徵之一是效果持續的時間很短。

大家應該都聽過「火災現場的蠻力」吧。遇到緊急狀況時，能憑著一股拚勁，瞬間發揮超乎尋常的力量，這也是腎上腺素的效果。但無論如何，效果持續的時間都很短。

換句話說，就算理智在一瞬間斷線，只要過一陣子就能恢復平靜。有些時候，我們也會遇到即使沒有生命危險，大腦依然擅自判斷爲危機狀態的情況。

譬如突然遭到陌生人怒罵或碰撞。當下雖然會感受到強大的壓力，身體產生想攻擊對方的反應，但只要立刻離開現場，過了一會兒，腎上腺素的濃度就會下降，心情也能恢復平靜。

如果對這種壓力過度反應，進入戰鬥模式並攻擊對方，就算打贏了，少說也算犯了傷害罪；更何況，如果打輸了，自己還會受傷，無論如何都沒有好處。我認爲，最聰明的選擇，就是利用腎上腺素能提升身體活動效率這一點，迅速離開現場。事實上，被稱爲「戰鬥荷爾蒙」的腎上腺素，也能稱得上是「逃跑荷爾蒙」。

最近也會從媒體上看到，乍見之下平凡無奇的人，竟然拿電擊棒當成武器攻擊別人之類的事件。被別人找碴當然不甘心，但與其逞血氣之勇，我想最好還是抱著「留得青山在，不怕沒柴燒」的心態比較好。

此外，腎上腺素也被稱爲「壓力荷爾蒙」，分泌時會造成血壓上升、心跳加快；換句話說，就是會增加身體的負擔。如果長時間處於這種狀態，可能會造成猝死或罹患高血壓。有腦血管疾病或心臟狀況不佳的人，最好不要太過度生氣。

## 2 壓不下的怒火

### 前額葉皮質功能不佳，讓人變得易怒

前面提到，就算一時之間覺得憤怒，這樣的衝動也能在短時間內平息下來。但如果過了一段時間，怒火依然無法休止，憤怒的狀況仍舊持續，那麼就應該思考：大腦內負責抑制憤怒情緒的剎車——前額葉皮質，可能並未確實發揮作用。

前額葉皮質位於大腦前方，掌管理性、思考、情緒、欲望等最具人性的部分，也是人類大腦比其他動物發達的部位。

就算察覺到恐怖與危險，也不是每個人都會攻擊對方。因爲我們雖然覺得憤怒或不舒服、生氣，也有辦法壓抑反抗的衝動。

一般而言，即使感受到壓力，內心多少掀起一點波瀾時，前額葉皮質也會判斷「現在不應該表現出這樣的情緒」，並以意志力加以控制、壓抑衝動行為。但如果前額葉皮質發生退化，以下這些功能就無法順利運作。

**【前額葉皮質的功能】**

- 思考
- 控制行動
- 溝通
- 做出決策
- 控制情緒
- 控制記憶
- 集中意識與注意力
- 分散注意力

然而人類的意志力——或說前額葉皮質的功能，並非如此值得信賴。無論一個人覺得自己的意念有多堅強，堅信自己能靠意志力壓抑憤怒，它仍然是種很容易瓦解的東西。

舉例來說，在睡眠不足或是飲酒的狀態下，都會使額葉的功能下降，導致判斷力變得遲鈍、堅強的意志力無法發揮作用。

## 老化造成的前額葉皮質萎縮

可能導致前額葉皮質功能變差的原因，除了飲酒與睡眠不足之外，還包括身體狀況不佳、吸毒與大腦老化等。

一般提到大腦老化，都會和記憶力衰退聯想在一起，但現在已經發現，比起掌管記憶的「海馬迴」，前額葉皮質因老化而萎縮的時間更早。

一九九六年，美國長期追蹤、分析了三三〇一名六十五歲以上健康長者的大腦，結果發現，隨著他們的年紀增長，額葉部分逐漸開始萎縮。在剛進入退休年齡的六十多歲左右，額葉的大小還看不出與年輕時有多大的差別，但超過七十歲之後，有三成的受試者開始出現萎縮現象，也就是額葉與其他腦葉、左腦與右腦之間逐漸產生縫隙。

透過這項研究，人們發現額葉比其他腦葉更容易受老化影響。

額葉是抑制怒氣、理解對方的心情與想法、決定自我行動等掌管理性的部位。有時候，我們會看到正如「暴走老人」這個詞所形容的，有些長者無法控制自己的情緒與行動，常爲了一點小事就大發雷霆、稍有不悅便破口大罵，這都是因爲發揮剎車作用的額葉萎縮的緣故，使得他們控制感情的功能變差，情緒外露的門檻也變低。

## 為什麼越老越頑固？

有些人上了年紀之後，原本頑固的個性更是變本加厲。各位或許以為，額葉萎縮會讓原本不易動搖的性格開始產生變化，但事實必非如此，反而會讓長者無法再配合別人，靈活地理解事物。

舉例來說，他們已經做不到「不該說的話就不要說」，或是「自己雖然不這麼想，但世界上原本就有各式各樣的人，不妨先聽聽別人怎麼說」等配合當下情況調整態度的行爲。

認眞說來，這也是因爲大腦萎縮的緣故。前額葉皮質外側是掌管行爲控制或抑制的部位，至於「頑固」的行爲，則與眼眶前額皮質及內側部位有關，是這裡萎縮所引起的症狀。

各位知道「百事挑戰（Pepsi Challenge）」這項活動嗎？這是分別在一九七○年代的美國，與一九八○年代的日本展開的試喝計畫。主辦單位請一般消費者試喝百事可樂與可口可樂，請他們比較看看哪一種好喝。

現場準備了這兩種品牌的可樂，請消費者矇眼試喝，發現選擇百事可樂的人比較多；但如果讓他們在看見品牌名稱的狀態下選擇，喜歡可口可樂的人就會變得較多。

結果發現，比起可樂的口味，消費者更傾向於選擇品牌。

但如果對眼眶前額皮質受損的人進行類似「百事挑戰」的實驗，覺得「我就是喜歡百事可樂的味道，跟品牌無關」的人就變多了。乍看之下，這些人似乎很有主見，不受品牌左右，不過他們的大腦其實處在運作失靈的狀態下——他們無法配合周遭的狀況改變自己的喜好。

就好的一面來看，這表示他們不會屈服於同儕壓力；但反過來說，他們原本就無法配合同儕。事實上，能夠感受到同儕壓力，代表具有社會性，是社會化較高的證明。要是感受不到，則代表不在意周圍眼光，同時也更容易做出造成旁人困擾的事情。

譬如做了某事，結果遭人制止「喂，這位老先生，不要做這麼丟臉的事，別人都在看」，或是被說「以前明明更在意旁人眼光的」等等，都是眼眶前額皮質萎縮所帶來的影響。

「越老越頑固」，是因爲他們越來越覺得，就算不聽別人的話，也沒什麼好丟臉的；換言之，與其說這些人執著於自己的思考，不如說他們傾聽的功能變差。

## 3 攻擊他人能帶來愉悅

### 前額葉皮質過於活躍的人

前面已經提過，前額葉皮質功能變差，將無法控制憤怒的情緒，導致衝動行爲。

但事實上，讓人採取理性行爲的前額葉皮質若過於活躍，也會對別人做出具有攻擊性的言行。最可怕的是覺得「自己的憤怒很合理」，並因爲這種判斷導致憤怒逐漸加劇、擴大。

舉個例子，我曾在搭乘新幹線時，看過有人因爲前排乘客沒事先打招呼，就把椅子往後放倒這種小事大發雷霆，不但用力踢前排座椅，還破口大罵。因爲別人違反了自己「把座位往後放倒的時候，一定要先跟後排乘客打招呼」的規則、背離了自己認爲的正義，於是切換到暴怒模式，同時也因爲前額葉皮質過度活躍，使得憤怒加劇。

這種發怒方式不但更激烈，也更可怕。因爲當事人覺得自己在做對的事情，而這種基於「正義感」的制裁行動，還與另一種腦內物質有關，使得行爲變得更極端，也更難以制止。

## 正義使者的快感來自多巴胺

科學上已經知道，發動基於正義感的制裁行動時，腦內會分泌多巴胺，讓人產生快感。

多巴胺和去甲基腎上腺素同樣屬於興奮性神經傳導物質。多巴胺也被稱爲「快樂荷爾蒙」，能帶給大腦愉悅的感受。因爲快樂，所以停不下來，甚至有可能爲了獲得這種感受而引發對酒精或毒品的依賴。

多巴胺也是能使前額葉皮質變得興奮、積極的物質，一旦大量分泌，就會讓人處在亢奮狀態，做出過度的攻擊行爲。

爲什麼攻擊會讓人覺得愉快？這可能是因爲基於「導正行爲偏差者」的正義感所行使的制裁行動，能夠滿足「我正在做對的事情」的「自尊需求」。所以透過制裁行動指正那些不守規矩的傢伙，能讓人獲得快感。

多巴胺一旦開始分泌，就會刺激以額葉爲首的許多腦區神經，將快感傳遞出去。這使得理性不再運作，而「自己正在行使正義」的滿足感，也會讓人陷入「對攻擊成癮」的狀態，所以很難停止。在多巴胺分泌的當下，光靠言語勸導或閃到一邊是無法避開攻擊的。遇到這種情況時，「走爲上策，有多遠離多遠」還是最好的應對方法。

## 4 青春期的騷動

### 為什麼青春期的男孩動不動就發脾氣？

每個人都曾經歷過「明明沒什麼大不了的，卻很容易理智斷線」的時期，譬如所謂的「叛逆期」。原本溫和的兒子莫名其妙變得暴躁易怒、言語粗魯，想必有不少母親都曾因此受到驚嚇。

一般來說，青春期是指十歲到十七歲左右這段年紀。此時期也正好是男性荷爾蒙「睪固酮」大量分泌的時候。睪固酮由睪丸製造，並向大腦釋放，能使身心都朝向男性發展。

睪固酮第一次大量分泌是在胎兒時期，接著從九歲開始，分泌量再度逐漸增加，到十五歲左右達到高峰，促使男孩的身體在這段時期（即青春期）出現第二性徵，譬如變聲、長出鬍子和體毛等變化。

除了身體，精神層面也因爲睪固酮的增加而大幅度改變。孩子開始變得不太喜歡諸如親子之間那種緊密的人際關係，變得更偏好獨處，覺得自己一個人比較輕鬆，所以更傾向於待在房間裡，度過與自己相處的時光。

除此之外，攻擊性與控制欲也會提高，有時還會出現連自己也不清楚原因的攻擊衝動。而就算是不需要攻擊的對象，只要找到這麼做的理由，也往往會向對方宣戰。

還有一點很重要。這個時期的孩子因爲前面介紹過的前額葉皮質功能還不夠發達和成熟，抑制衝動的刹車無法發揮作用，導致情緒控制變得困難，而做出欠缺思考或極端的攻擊行爲。

順帶一提，前額葉皮質最成熟的時期大約在三十多歲到六十歲左右，在此之前，要控制自己的憤怒衝動，其實都很困難。

## 女性也有睪固酮？

各位或許覺得，既然睪固酮是男性荷爾蒙，理所當然只會出現在男性身上，但女性其實也會分泌睪固酮。

喜歡獨處，或是「無法容忍比自己更優秀的人」等控制欲強的女性，體內睪固酮的濃度說不定也比較高喔。

這類型的人對階級的重視更勝於夥伴，認爲自己必須站在金字塔頂端。無論性別，他們對於「地盤」與「頭銜」都有強烈的執著，攻擊性也會因此提高。

不過，只要建立從屬結構，就能把利用憤怒威嚇對手的人，變成保護自己的人。

所以，懂得運用這樣的特徵，根據狀況技巧性地與這類人相處，或許才是上上之策。

## 5 家人或伴侶變得具有攻擊性

### 殺害家人的案件增加

各位知道，親屬間殺人的案件變多了嗎？

雖然殺人案件有所減少，但家屬犯案的比例卻提高。據說，有五成殺人案都是由親屬犯下的罪行。

而儘管不到犯下殺人案的程度，但虐童、家暴等家人間的暴力行爲，也成爲近年嚴重的社會問題。看到這些新聞，有些人會說「既然都是一家人，應該要更加包容啊」，也有人會說「理應疼愛孩子、保護孩子的父母，竟然對他們施暴，眞是讓人不敢相信」。

然而家人之間的愛，不一定就等於非暴力。

在日本，有個經常聽到的詞彙，叫做「毒親」。

這些父母或是拒絕育兒，或是虐待孩子的肉體和精神，或是企圖以過度干涉的方式操控孩子。對孩子的人生而言，父母變成了名符其實的毒藥。

在「毒親」現象中，我認爲特別能夠引起共鳴的，莫過於母女之間的問題。甚至有不少漫畫家將自己經歷過的複雜母女關係畫成作品出版。

我也經常聽到周遭的人提及母女相處的難處。

許多女性會說「我跟女兒的關係很差」，我也曾聽聞許多母親坦承自己控制不了情緒，總是忍不住對女兒破口大罵；或是因爲無論如何都無法原諒女兒的行爲而暴怒、失去理智。

另一方面，也有當女兒的對我說，母親企圖在自己打算結婚的時候，左右甚至控制對結婚對象的選擇。

這些母親究竟是不希望孩子遭遇與自己相同的失敗？還是希望孩子和自己同樣獲得成功？抑或是因爲自己曾嘗過失敗的滋味，所以嫉妒孩子的努力能夠開花結果？不可否認的是，似乎有許多母親在企圖控制孩子、立下規則時，仍堅信這是出自對孩子的愛。

「我這麼做是爲了妳好。」

這句話當然沒錯。但這種濃烈的愛，與一種腦內物質有關，那就是「催產素」。

## 什麼是催產素？

催產素也被稱爲「愛情荷爾蒙」，是一種能讓大腦感受到愛、產生親密感、建立人我羈絆的荷爾蒙。

做愛與分娩的瞬間，是催產素分泌最旺盛的時候。

那麼，女性身上的催產素是否較多？其實根據目前為止的研究發現，男性也會分泌催產素。

舉例來說，無論男女，只要持續進行身體接觸、呼喚彼此名字、看著對方眼睛說話，就會分泌催產素。

而且研究也發現，只要和其他人長時間待在同一個空間，催產素的濃度就會提高。

## 由愛而生的強烈憤怒

乍看之下，會覺得感受到對伴侶或孩子的愛，能促進催產素分泌，有助於建立人際關係。

但事實上，後來的科學研究發現，催產素增加也有其缺點。因為如果愛得太濃烈，「憎恨」「嫉妒」之類的情緒也會增強。換句話說，就是「愛得越深，恨也越深」。

催產素會同時提升愛與恨這兩種完全相反的情緒，是有原因的。如同前面的說明，催產素是讓人感受到愛、強化關係的物質。所以反過來說，催產素也會促使當事人對背叛愛情或信任的人和行爲採取攻擊行動，好阻撓對方。

爲什麼會出現這種反應呢？這是因爲催產素濃度高的時候，人類的心理會發生耐人尋味的現象。

分別是「外團體貶抑」與「社會排除」。

外團體貶抑是一種認知偏誤，指的是不合理地鄙視不包含在「我們」這個團體內、與「我們」不同的人；例如常見的仇恨言論，也是外團體貶抑的一種。至於社會排除，則是不當攻擊或忽視在「我們」之中，卻與「我們」不同的人所產生的排擠效應。這種雖然接受同伴，卻不接受異類存在的心理，就是催產素的一大作用。

## 正因為是丈夫／妻子，所以更不能原諒

催產素當然不只作用於母女或同性之間。丈夫雖然屬於異性，但也是家人；換句話說，是共同建構家庭的夥伴，因此也會受到催產素影響。反之亦然，妻子對丈夫而言，也是同樣的存在。

當家人們依循催產素的機制經營家庭時，除了會發生父母想控制子女的現象，妻子也會想約束丈夫，不允許決定好的規則被打亂；至於丈夫，當然會想掌控妻子，試圖把自己的價值觀強加於妻子身上。

「不准孩子違反家規」「不容許妻子／丈夫隨心所欲」，這些都是「愛情荷爾蒙」催產素的作用。

別人怎麼做都不會在意，但如果是丈夫或妻子，另一方就會莫名焦躁，這

都是很常見的情緒反應。

我自己也曾對丈夫的行為感到煩躁，覺得：「我都不知道說過幾次了，他應該知道才對，為什麼就是不肯照做？」甚至曲解對方的行為：「他該不會是故意要惹我生氣吧？」甚至氣憤地質問：「我不是跟你說過好幾次了嗎？」這或許也是受到催產素影響，讓我忽略了自己與丈夫其實是完全不同的個體。

這是個非常麻煩的機制。因為從客觀的角度來看，這種行為雖然相當惡質，但當事人卻認為這般行動理所當然，背後的理由再正當不過。

而所謂「正當的理由」，就是「必須守護家庭生活」「必須維護我們的社會」「必須遵守團體規則」等等。

耐人尋味的是，那些說出仇恨言論、攻擊社會弱者的人，從他們的情緒和言行中，也能看見某種「我是在執行社會正義」「我們的行動是在維護社會秩序」的強烈正義感。

這兩種攻擊都是從極度主觀的視角，將「強化團體的牽絆」轉換成行動。

但可怕的是，強化愛情與羈絆的作用，同時也會強化排他性與對弱者的攻擊。

從生理方面的說明，我們可以知道，強迫社會、組織、家庭成員面對近乎窒息的控制元凶，正是有「愛情荷爾蒙」之稱的催產素。

# 6 源自不安或嫉妒的暴怒

## 讓人安心的血清素

血清素是一種腦內神經傳導物質，也稱爲「安心荷爾蒙」。分泌血清素的神經位於中腦的縫核部位，於額葉的前額葉皮質形成突觸，並伸向視丘、紋狀體、海馬迴、杏仁核、脊髓等部位的神經，藉此傳遞資訊。

血清素會帶給大腦許多影響。據說如果血清素分泌夠多，就會感到放鬆、滿足；如果分泌不足，則容易感到不安。此外，如果血清素分泌量減少，前額葉皮質的功能也會變差，進而降低同理心、計畫性、熱情等有助於採取適當社會行動的能力，導致低社會性、無法保持理性，衝動行爲也會增加。此外，血清素分泌不足也可能導致憂鬱症。所以在治療憂鬱症或焦慮症時，也會使用能增加血清素的抗憂鬱藥物。

## 我得不到的，其他人也別想要

現任東京醫科齒科大學教授的高橋英彥博士曾組織了一支研究團隊，是全球第一個透過ＰＥＴ（正子斷層造影）發現，人類在遭受不公平待遇而變得具有攻擊性時，其行動會因血清素產生個別差異的團隊。

這個研究以健康人士爲對象，分析他們在進行「最後通牒」這項遊戲時，假設對方所做的金錢分配並不公平，所採取的行動會有什麼樣的個人差異。

這個遊戲兩人一組，一人扮演提議者，另一人扮演接受者。提議者可以自由決定金錢總額如何分配，並向接受者提議。舉例來說，如果總額是一千元，提議者可以平均地分配給自己與接受者各五百元，也可以提議自己拿八百元，接受者拿兩百元。

接受者可以採納提議，也可以拒絕。如果接受，兩人便各能拿到如提議所分配的金額；但如果拒絕，兩人都拿不到錢。這麼一來，無論對提議者或接受者而言都是損失。

過去的經濟理論認爲，從事經濟活動的人應該會合理判斷損益，選擇最符合利益的行動。

就這個假說來看，即使對接受者而言，提議的內容有點不公平、金額太少，接受者也應該以利益爲優先。

但高橋教授的實驗結果卻發現，當提議者提出不公平的提議，導致接受者獲得的金額低於總額的三成時，有些接受者會在即使知道自己最後拿不到錢的情況下拒絕該提議。

分析結果顯示，拒絕提議的理由包括無法原諒不公平提議帶來的憤怒，或是想報復提出這種提議的對方。

而且研究也發現，當對方提出不公平提議時，拒絕者與同意提議者之間所採取的行動有個別差異，而造成這個差異的原因就是「血清素轉運子（serotonin transporter）」。實驗結果顯示，拒絕提議、即使自己吃虧也要阻止對方獲得利益的人，其血清素轉運子的濃度比接受提議者來得低。

血清素轉運子是回收腦內分泌的血清素、提高其使用效率的蛋白質。換句話說，血清素轉運子的濃度，會大幅影響安心荷爾蒙——血清素的作用。

這項研究中還發現，血清素轉運子濃度低的人，平常絕不是具有攻擊性的人，相反的，他們往往個性認眞、容易信賴別人。

透過這個實驗，我們可以知道，血清素轉運子濃度低的人容易感到不安，平常雖然認眞乖巧、高度信賴他人，然而一旦對方耍詐，卻也更容易覺得自己遭受不當對待，因此即使耗費自己的時間金錢，也要懲罰、報復對方。

目前爲止，本章介紹了許多與發怒有關的大腦機制。下一章開始，將舉出常見的例子，看看我們該如何與暴怒的他人或自己相處。

第3章

# 如何與容易暴怒的人相處

案例1
# 控制狂主管的職權騷擾

## 哀兵效應，讓你避免成為目標

不管在哪裡，都有人試圖利用自己的位階，支配立場較弱、地位較低的人。公司的主管與部下等具有從屬關係的情況固然如此，運動團體中的總教練或教練等，也有很多人屬於高壓控制的類型。

最近這類企業或團體活動的職權騷擾或暴力行爲，經常被報導出來。但即便如此，類似事件依然層出不窮，令人相當煩惱。

在關係尚未深入或攻擊還很輕微的時候，透過言語與態度顯示服從、展現自己弱點的「哀兵效應」，或許能有效對付這些控制狂。

實際上，在試圖以權力或地位控制他人的上司周圍，應該也圍繞著許多想討他歡心的馬屁精才對。

至於這些人，多半並不是眞心信賴、追隨這位主管，而是爲了避免自己變成可能的箭靶，才故意展現自己的弱點、將把柄交到對方手上，藉此迴避攻擊。但這些看似逢迎拍馬的人其實也相當痛苦，因爲不服從主管的人，往往會遭到組織性的攻擊。無論如何，自己都有可能被迫面臨抉擇，要不就是成爲馬屁團體的一員，要不就是得思考如何才能脫離這個環境。

## 人類的歷史，就是支配的歷史

企圖站得比同類更高、支配同類，是靈長類的特徵。

人類也是靈長類，同樣擁有想展現力量、支配他人、站上社會金字塔頂層的特質是理所當然的事，這是任何人都具備的面向。對此，大家應該多少要有所自覺。

因爲人類的歷史，就是控制別人、維護自己立場的歷史。

但具備社會性的現代人，不會動不動用言語恐嚇他人、讓別人感受到恐懼，或是做出情緒化行爲，而是會試著更加控制情緒，不至於暴走。因爲我們知道，這樣才能獲得眞正的尊敬。畢竟就算置身上下關係之中，我們還是會因他人高壓式的支配而感受到壓力。

拜現代學校教育之賜，我們知道「人人生而平等」，因此，對於企圖以權力掌控別人的人，我們也會很直覺地抱持疑問。這一點可說是教育的勝利。

但出了社會後，無論是否樂見，都會看到許多「其實不平等」的事情；或許有許多人因爲這樣的矛盾而感到痛苦吧？

當然，即使在學生時代，還是會發生「明明不公平，但想方設法被掩蓋起來」的事，只不過平等畢竟是教育現場的前提，所以當我們覺得有失公允時，的確有思考「該怎麼做才公平」、追求平等環境的空間。

然而，現實社會並非如此。如果抱著學生時代的想法追求平等，反而會讓自己採取錯誤的策略。

舉例來說，假設對方一開始就拿出強勢的態度，而你以爲只要自己退一步，對方就會跟著退讓，事情也能圓滿收場，那可就大錯特錯了。因爲支配欲強的人，不會就此善罷甘休。他們認爲，對方一旦退讓，就表示可以把對方讓出的領域搶過來；換句話說，面對這樣的人時，越是後退，自己的領域就會變得越小，最後終將失去自己的容身之處。

## 清楚標示對方難以闖入的領域

爲了避免事態演變到這個地步，最初的行動非常重要。

即使知道對方是老闆或上司等地位明顯高於自己的人，也必須清楚畫出界線，讓對方知道「再往前進的話，會造成我的困擾喔」。

如果在關係加深後，才突然提出這樣的主張，對方會覺得難以接受。所以為了在可能被迫接受不合理對待時，維護自己權益，必須趁著關係尚淺的時候，明確做出反擊。

其實我自己也不太擅長這麼做，但觀察周圍，發現有些人真的對這一點很拿手，他們甚至有本事讓上司覺得「這傢伙不太好惹」。

譬如，有些人可以輕描淡寫地說出「我不喜歡被連名帶姓地叫」。即使是那種會把不合理的難題推給認真、耿直部下的主管，一旦面對無論如何一定會回嘴的難搞部屬，大概也很難對他們提出不合理的要求吧？會欺負人的上司，也懂得挑選能默默接受自己要求的類型；畢竟地位高的人，多少還是會害怕被頂嘴。請各位務必學會反擊的技巧，而這只能透過觀察周圍、模仿擅長者的做法學到。

比如你可以堅定地說：「請不要對我大吼。」如果對方不是能簡單以言語反駁的人，也可以運用眼神，沉默地以冷靜的目光凝視對方。

只要讓對方覺得「這傢伙好像沒那麼好控制啊」就行了。爲了避開對方的攻擊，請務必培養出劃清界線、讓對方知道「不要跨過這條線」的技巧。

我想，越是在平等社會中長大的好孩子，在日後的世界越需要這樣的能力。有時候，「只要自己拿出誠意，對方就能接受」的想法會招來反效果，因爲這麼做只會讓對方覺得，不管對你要求什麼，你都能做到。

「只要努力就能獲得回報」的理想社會，或許是學校教育致力實現的美好目標之一。但我們必須知道，這套做法有時候是行不通的。雖然有很多好人能看見我們的努力，但也有很多惡毒的人對他人的付出視若無睹。我認爲，告訴學生「要有一定程度的覺悟，才能對付這些人」，也是學校教育重要的一環。

利用職權做出騷擾行爲的上司，最後一定會利用組織的力量。爲了對抗他們，我們也必須藉助能與之抗衡的組織之力。

因此，在深陷泥沼、狀況惡化前，一開始的行動最重要。只要對最初的不合理感到「憤怒」，就必須正確地「發怒」、明確反駁。如果做到這個地步，對方依然沒有改變，那麼離開這樣的組織或集團才是上策。

案例2

## 以侮辱性言語貶低他人的同事或主管

### 一開始就要讓對方察覺，他的行為有多卑鄙

對付這樣的同事或上司，最初的行動依然非常重要。

如果默不吭聲，就會變成箭靶，讓人覺得不管對你說什麼都無所謂。這種做法只會讓侮辱的行爲越演越烈，而沒有改善的可能性。更糟糕的是，有時候甚至還會隱約覺得連其他同事也看不起自己。如此一來，不只攻擊的話語，周

遭的輕蔑也會對自己造成嚴重傷害。

在這樣的案例中，懂得反擊的人與不懂得反擊的人，所獲致的結果是很不同的。雖然有些人天生就具備回擊的概念，但只要經過練習，不論任何人都能純熟運用。

即便一開始無法流暢地反駁，應該還是有辦法露出「你身爲主管，竟然說得出這種話」的表情吧？

如果對方一臉嘲諷，以羞辱的話語挖苦你，你可以刻意展現出大方的態度，對他說「你想說的只有這些嗎？說完了吧？」之類的話，以表達對這種行爲的不悅，也讓對方知道你不會屈服於這種卑劣的伎倆，最好立刻停止這麼做。

## 克服不安與恐懼的「系統減敏法」

或許有人會說，「我的上司很可怕，這種方法我根本不敢用」。這些人多半長期被當成箭靶、遭受上司霸凌，光是看到主管的臉就會緊張。那麼我們就來想想看：如果因爲害怕被報復，所以連頂嘴的想法都不敢有，該怎麼辦才好呢？

在臨床心理學中，「系統減敏法（systematic desensitization）」是一項有效的方法。

所謂的「系統減敏法」，是一種針對不安與恐懼的行爲療法。其做法是將引起不安的刺激依強度排序並標上數值，從最弱到最強，階段性地反覆經歷，藉此克服不安與恐懼。

接下來，爲各位介紹一個執行「系統減敏法」的案例。這位個案原本一看到上司的臉就會緊張冒汗，漸漸地連去公司上班都變得困難。

治療師首先鼓勵他「去公司看一下吧」，請他試著走到公司門口，但不用進去。

接著，讓他逐漸經歷走進公司大門等數個階段，最後是與這位主管在走廊上錯身而過。這時候，請他對主管說「你的西裝沾到灰塵了」，並把對方肩上的灰塵拍掉。

當然，個案光是想到要與主管錯身而過，就感受到強烈的恐懼，所以在實際嘗試前，會先透過角色扮演進行練習。

另一方面，就算「拍掉上司肩上的灰塵」算是一項有點失禮的行爲，也不至於對個案造成傷害，更不是在報復貶低自己的上司。然而這樣的行爲能有效地在腦中植入「自己與對方的關係對等」的印記。換句話說，就是讓自己試著實際對上司做出「具備某種效力的行爲」。

如此一來，就能對「原本因爲恐懼而不敢做」的事產生「做得到」的印象。據說這位個案透過訓練與實際執行，最後終於戰勝恐懼，回歸職場。

「別人能對我爲所欲爲」的情緒一旦長期累積，往往會帶來恐懼。這種時候，就算難以拍掉對方肩上的灰塵，也能找到某項「自己能對他帶來影響」的小事，例如對他說「今天的領帶很好看，但是有點歪喔」之類的，嘗試開口與對方說話。

## 經驗談：如何成功改善與嚴厲主管的關係

這是某位男性編輯的經驗。

當他還是新人的時候，被分配到週刊誌部門。據說總編輯是位非常嚴厲的人，簡直跟惡鬼一樣凶狠，寫好的稿子不但會被批評得一文不值，還會直接在他面前被撕得破爛。

他雖然氣憤，但總編說的都沒錯，所以完全無法反駁。

剛開始，他只是默默地挨罵，但不久之後，便隱約知察覺了總編的地雷。

而且他也開始覺得「要對付這個人，像這樣只是默默地聽訓是不行的」。於是，某次總編又開始臭罵他時，他便以自認爲正確的主張反駁對方。

當然，他也害怕這麼做會惹總編更生氣，但他對自己的論點有自信，所以下定決心反駁。沒想到平常凶得跟鬼一樣的上司，竟然笑著說：「喔，原來是這樣啊。」而且從這一刻開始，他與上司的關係變得非常好，即使後來彼此都調到其他部門，良好的關係仍能持續下去。

由於這個案例中的總編並沒有惡意，所以日後還能建立良好關係，但如果上司眞的存心想羞辱自己，或是懷有惡意，制止對方後，最好能保持距離，盡量不要再扯上關係。

最糟糕的狀況是，沒由來地被對方咒罵「廢物、礙事」的時候，還一逕責怪自己「我眞的很沒用嗎……」「造成困擾非常抱歉」。如果覺得自己從客觀來看並沒有錯，或許可以裝傻，反問對方：「你今天會不會說得太過分了點？發生了什麼事嗎？」「你家裡是不是有什麼事情？」展現出遊刃有餘的態度。

案例3
# 言語與行動變得粗暴的叛逆期少年

## 青春期的男孩難免好鬥

小時候很溫柔、總是跟媽媽撒嬌的兒子，在進入青春期後，態度突然變得具有攻擊性，會用難聽到嚇死人的話頂嘴。身爲媽媽的人，想必會因此覺得有些不安吧。

尤其是，男孩子往往喜歡戰鬥遊戲。有些家長看到他們一邊說著「去死」，一邊與朋友組隊戰鬥，說不定還會以爲是遊戲觸發了這種行爲。

但是換個角度想，如果遊戲能讓他們排解這種好勝鬥狠的心態，不至於在現實生活中打架鬧事，情況不也還算好嗎？

站在家長的立場，往往希望監督者能處理有關暴力遊戲的種種問題。但不管大人如何限制，孩子還是會想方設法偷偷地玩，很難完全阻絕；更何況，強行制止說不定還會造成孩子反彈，反而讓家人變成被攻擊的對象。

根據第二章的解說，青春期的男孩之所以變得暴躁、想把脾氣發洩在人或物身上，有可能是因爲強化攻擊性的睪固酮在這段期間急速增加的緣故。十多歲的男孩子，無論是大腦還是身體，都會因此變成好鬥的狀態。

或許也可以說，現代的社會系統與人類的成長並不相符。

在以前的時代裡，男孩過了十多歲後，就會舉行成年禮、正式上戰場。換句話說，十多歲正是實際從事戰鬥行爲的年齡。

當然，就算不打仗，這也是個再過不久就能生育的年齡，更是可以靠自己的力量打獵、保護家人免受敵人攻擊的年紀。男孩在腦內荷爾蒙的影響下加速獨立、讓身體與大腦變得適合戰鬥，這兩件事情對人類的成長，尤其是男性的成長而言，是再自然不過，也非常重要的。

只不過在現代社會中，多數家庭的理想都是把孩子養育成安靜、穩重、溫柔的人。當這樣的價值觀逐漸成爲主流，男孩在成長階段所展現出來的自然特質，往往也因此變得不符合理想形象。對男孩而言，這樣的世界令人窒息。

## 相信孩子可以獨立，用身教取代言教

「以前明明那麼可愛，怎麼會變得這麼暴力？」「這個孩子將來該不會變成罪犯吧？」我們常常可以看到，有些父母因爲過於擔心孩子的言行，懷疑問題出在自己的養育方式錯誤，或是家庭環境不佳。我眞心希望這些父母不要覺得這是「家人的錯」。

這段時期的男孩，不管是誰都會變得容易暴躁、喜歡獨處。這種狀況總有一天會穩定下來，現在就先靜觀其變吧。

至少對他們而言，這也是段無法適應心情與現實的落差、導致情緒不穩的時期。雖然心情上想要獨立，但經濟上又無法完全自力更生，生活方面的能力也尚有不足。

他們無法好好控制自己心中逐漸膨脹的攻擊性與想自立的心情，而這樣的煩惱又讓自己變得更暴躁。尤其對男孩而言，斥責與說教只會帶來反效果。因爲你雖然想透過語言傳達，但在這段時期裡，他們也萌生了抗拒說教聽訓的情緒。

如果想告訴這個時期的男孩，該如何控制暴躁的情緒，我想不必依靠語言，讓他看著父母的背影，以身教代替言教，就是最有效的方法。

請父母不要什麼都幫孩子做，也不要連一些小事都開口干涉，最重要的是好好地看著孩子，不要移開目光，以免他心裡那種想攻擊別人的情緒帶他走到錯的方向。相信孩子、從旁守護、鞭策他獨立，想必能讓孩子健全成長。

案例4

# 永遠不耐煩，就是要頂嘴的青春期少女

## 與女兒設定相同目標，一起奮鬥

青春期少女的女性荷爾蒙「雌激素」分泌變得活躍，開始對「異物」產生排斥反應，好惡變得分明。就算是我們覺得「好」的事情，只要稍微不順她們的意，她們也經常會用「不要」「不可能」「爛爆了」之類的言語拒絕。面對家人的時候，這種態度更是變本加厲。直撲而來的暴躁情緒，往往讓家長煩惱不已。

有報告顯示，對於青春期少女，家長只要每天撥出固定的時間陪她打打電動，就能減少問題行爲。

不過我想，很多父母根本不會和孩子一起打電動。但既然只需要一小時，不妨試著和女兒一起玩些老少咸宜的遊戲。因爲透過遊戲，除了能讓女兒不再把父母當成與自己不同的存在並予以排除，還能建立一起打倒敵人的夥伴關係，讓彼此更親密。

擁有共同的敵人、共同的目標，是建立夥伴關係時最穩固的結構。彼此不再互相攻擊，而是懷著相同目的一起奮鬥，如此一來，就更能提高團體的凝聚力。我認爲，設定共同目標、一起努力的方法，能有效改善父母與青春期子女之間的關係，而且無論男女都適用。

如果家裡沒有遊戲機，或許也可以一起參加料理或時尚穿搭之類的比賽。只要觀察活躍的年輕運動選手，就可以發現，他們的啓蒙者多半是父母親，由家長帶著他們東征西討，而非一開始就隸屬於強隊，這應該也算是親子擁有共同目標、一直以來共同奮鬥的例子吧。

在某些家庭裡，父親也會成爲母女共同針對的對象，例如女兒或母親把父親當成敵人一般嘲笑或抱怨。這樣的父親當然有點可憐，但在這段時期，或許還是忍耐一下比較好，總比搞砸親子之間的關係來得強。此外，也可以把女兒的叛逆行爲當成青春期的暫時現象，以寬容的眼光看待。

案例5

## 一握住方向盤就「變身」的駕駛人

### 開的車越高級，越容易分泌睪固酮

會造成死亡車禍等重大事故的惡意逼車，是個非常嚴重的問題。

看到加害者的衝動行爲，以及近乎執拗的連續性逼車時，我們可以推測，這除了與去甲基腎上腺素有關，多巴胺、睪固酮等許多神經傳導物質也脫不了關係。

事實上，根據觀察，開的車越高級，睪固酮的數值就升得越高。在一項實驗中，以法拉利與豐田的冠樂拉（Corolla）進行比較。駕駛冠樂拉時，睪固酮的數值並沒有增加太多，但換成法拉利時，不但睪固酮的分泌一口氣飆高，而且還拚命對代步用的小車逼車。

依實驗結果推測，不只是高級車，駕駛卡車之類等大型車輛時，睪固酮也同樣會增加。

原因在於，駕駛高級車容易讓人覺得自己的地位比較高，而這種「我比你強大、高級」的意識，正是讓睪固酮分泌增加的原因。

但是請想像一下高級車在路上對輕型車逼車的畫面。這種行爲不但沒品，也不符合高級車駕駛應有的身分與舉止，反而應該感到可恥。

近來行車紀錄器逐漸普及，遇到惡意逼車時，拿出影片做爲證據是最有效的手段，因爲羞恥心能發揮剎車的功用、制止這樣的行爲。我們也必須讓對方知道，現在是不管做什麼都會被記錄下來的時代。

## 多巴胺分泌時，說什麼都沒用

如果對方不只逼車，還跑來「叩叩叩」地敲你的車窗、怒氣沖沖地說「給老子下車」，這就表示他正處在多巴胺分泌的狀態，這時候，不管說什麼他都聽不進去。

沒錯，這是理性失靈的「瘋狗」狀態。萬一遇到這種人，走為上策；走不掉的話，也千萬不要開車門或車窗，最好盡快把警察叫來，交給他們解決。

在這種情況下，絕對不能有「只要好好溝通，一定能解決」的想法。或許對方的確是個能溝通的好人，但從理智斷線的那一刻起，他就不再是平常的那個樣子了。不論是要永遠逃離對方，還是暫時逃跑，總之最好避免在對方憤怒的狀態下對話。

還有另一種情況，是只要一握住方向盤，就彷彿換了一個人似的，就算平常待人親切，此時也會口出惡言。這或許是因爲看不到對方的臉之故。

伴隨著匿名性而來的，還有以為自己不會遭到報復的安心感。但同樣的，隨著行車紀錄器的普及，我們必須要有匿名性逐漸降低的自覺，避免在開車時變得過度亢奮，同時也要注意言詞。

希望將來除了自動駕駛，也能開發讓心情平靜下來的裝置。以我個人來說，我很希望研發出能自動測量睪固酮數值的車輛，一旦發現睪固酮升高，就「咻」地一聲噴出降低睪固酮的物質。

案例6

## 只對家人施暴與虐兒者

### 夥伴意識助長憤怒

有些丈夫只會對身邊的家人施暴，甚至是虐待。同樣的，有些妻子也只在面對家人時，才具有攻擊性。

令人意外的，這些人不但外表看起來親切，在家庭以外的場合，也多半是個懂得察言觀色的好人。面對外人時，他們不僅不會生氣，甚至顯得十分包容、心胸寬大。那種「無法容忍」的情緒，唯獨會對家人發作。舉例來說，就算在外頭看到不修邊幅的女性，他們頂多只會說句「女孩子就是要有點粗線條才可愛」；但一回到家裡，即使只有一根頭髮掉在排水孔，他們也會暴走狂怒。

我想這不只是「正因爲面對家人，才能毫無顧忌地說出來」，催產素也會帶來影響。他們把嚴格的規則套用在夥伴或家人身上，而判斷的基準則是自己。只要對方沒有遵守自己單方面決定好的規則，他們就會施加非常強烈的攻擊。無論男女，都有可能產生這樣的情緒；同伴也好、家人也好，越是覺得「這個人跟我在同一條船上」，越容易產生這種反應。

就旁人的眼光來看，這樣的人們之中，有不少是深愛家人、努力養育小孩的好伴侶、好爸媽。

有些人之所以攻擊身邊的人，或許是仗著不怕對方討厭自己的想法，但如果無法克制對家人的憤怒，或者正因爲是家人，才更加提升怒氣的等級，就很有可能是受到「催產素」的影響。

「催產素」會強化對家人的依戀，因此，一旦發現必須照「自己的規則」生活的家人違背規矩時，就會覺得難以容忍。

舉個例子，曾有位丈夫對妻子大發脾氣，只因爲她沒有遵守丈夫的規定，每個小時報告自己的行蹤；當然也有相反的案例。

第二章也提過，夫妻之間的糾紛經常始於「明明已經跟你說過很多次了，爲什麼你還是要這樣做」之類的口角。雖然看起來都是一些微不足道的小事，卻是夫妻之間反覆破壞小規則，造成怒氣爆發的例子。

## 「有愛就不會施暴」的矛盾

我想很多夫妻都因爲這種情況而煩惱。而這樣的問題之所以難以解決，是因爲受害者以爲施暴的丈夫／妻子仍深愛著自己。

暴力往往始於這樣的善意：「我明明這麼珍惜你／妳，你／妳爲什麼不聽我的話、不懂我的苦心呢？」這種善意導致受害者相信，這是因爲自己不夠認眞、沒有徹底遵守對方的規定，逼得對方只能以暴力做爲解決手段。

導致暴力行爲的成因有很多，狀況相當複雜。包括因爲對方如實執行自己覺得正確的事情而打從心裡覺得開心的情緒、想攻擊違反規則者的欲望，以及愛得越深，這般欲望也越強烈……等想法，全部纏繞在一起、相互影響。

但就一般而言，如果眞的珍惜家人，根本不可能對家人施暴。事實上，也有很多人覺得明明愛著家人，卻對家人動粗的這種行爲根本就很矛盾。

因此，人們不僅認爲施暴的人很奇怪，也單純地認爲他們只是愛得不夠。但施暴者眞正的想法卻往往不被理解，使得問題一直無法解決。

「正常人不會攻擊自己所愛的人吧」這種直覺式的前提，是整個社會的共識；問題是，這種想法完全不科學，也沒有道理，因爲愛與暴力，其實是兩個毫不相關的議題。

## 我只是在管教，才不是虐待

幾乎所有虐待孩子的家長都會說：「我這是爲了管教。」這或許是眞心話。就算當下有人想阻止，他們大概也會說：「我只是在教小孩，你幹嘛管我？」

如果其他孩子做了同樣的事情，這些家長往往不以爲意，還輕巧地說著「小孩子就是這樣啊」「也有這種時期啦」「這個年紀難免嘛」之類的話；但如果換成自己的孩子，只要稍微沒遵守自己的規定，就怎麼都無法原諒，不惜虐待也要矯正孩子的行爲。

這同樣是「催產素」帶來的負面影響。因爲催產素會讓人無法容許別人「不遵守我的規則」「不執行我的想法」，使得理智在一瞬間斷線，情緒變得無法控制。

正因爲對方與自己關係親密，所以讓人與人之間形成依戀的荷爾蒙——催產素，才會輕易超越理性，發動過度制裁。

「自己的孩子怎麼有辦法打得下去？」對於這個問題，最接近的答案應該是「正因爲是自己的孩子，所以才會這樣痛揍」。

別人的孩子怎麼樣都無所謂，也不會想花力氣打他。一旦換成自己的孩子，那就不是「怎麼樣都無所謂」的對象，也才會責打他。

外遇也一樣。換做別人，不管是外遇還是其他狀況，都會覺得「男人嘛，難免會犯錯」；如果外遇的是女性，說不定會想「她應該很寂寞吧」。但如果是自己的伴侶，就會浮現「絕對不能原諒」的強烈憤怒。

這種「不能原諒」的情緒，就是愛情荷爾蒙——催產素作祟的結果。

我想，那些對家人施暴的人，就算理性上知道「有愛就不會施暴」，但感受與實際經驗卻都不是這麼回事。或許這些施暴者之中，有些人本身就是在父母的暴力管教下長大的；換句話說，這些人從自身的經驗中學到：以暴力來管教，就是愛的表現。

就這種情況來看，要推翻自己的經驗、重新學習並不容易，因此施暴者更需要有機會接受非施虐形式的愛。

問題是，施暴者學習「不使用暴力才是愛」的機會很少。如果伴侶或家人等身邊的人能教會他這個道理也就罷了，但這些人往往就是遭受暴力的對象。

因此，除非是擁有專業技術的「他人」——換句話說就是專家，否則很難讓他們理解，除了暴力，還有其他方式可以展現愛、進行適當的管教。

施暴者的家人們，請不要覺得「我來幫他就好了」「只要有我在，這個人應該就能改變」等等，因爲這麼做反而很有可能讓自己成爲攻擊標的。

這個問題其實盤根錯節，交給專家處理比較好。

而且這也不只是單一社會的問題。在世界各地，每年都有人死於家暴。希望各位不要單純地以爲「只要有我在，總會有辦法」，而要優先保護自己與孩子的安全。

## 受虐者的依賴性

有一個值得注意的現象：有些曾遭遇家暴的人，往往不斷選擇同樣會施暴的對象。這時候，最好反思一下，自己是否有依賴他人的性格。

這種類型的人，會誤以爲過度束縛就是愛。萬一對方放牛吃草，反而會覺得寂寞，因爲他們原本就很不擅長獨處。他們誤以爲催產素所導致的支配性或暴力性干涉就是愛情的表現，所以才會一再選擇有家暴傾向的人。

遇到這種情況時，首先必須理解，自己的個性中就是有依賴的一面，在逃離施暴對象的同時，也要營造出讓自己「習慣獨處」與「自得其樂」的時間，是才是保護自己與家人的解決之道。

## 案例7 被部下指出錯誤就惱羞的上司

### 悄悄修正，讓當事人察覺

即使對自己的批判與指責正確無誤，有些人依然無法忍受。觀察名人的社群帳號時也會發現，有些人雖然可以坦率接受稱讚自己的留言，但對於批評的言論——甚至只是稍微指出錯誤，還不到批評的程度，有時卻會過度反應，以

「白癡」「去死」之類的極端話語來回應。

套用在職場，就是惱羞成怒，反過來罵你「不是我的錯！是你的問題」「爲什麼你不先說？都是你的錯」這種類型的主管。

即使身爲上司，在明顯應該道歉或必須感謝的情況下惱羞成怒，多少會讓人覺得他似乎偏離常軌。

理論上，一般有常識的人都會回答「謝謝你指出問題」；但自尊心高的人，原本就預設自己應該受到尊敬，如果對方不這麼做，就會下意識地把他當成敵人。

他們覺得，一〇〇%服從自己的人是盟友，除此之外的全都是敵人。即使對方對自己有九九%的服從，在他們眼中也和〇%一樣，會成爲攻擊的對象。

如果可以的話，請盡量避免接近這種「一旦沒有受到他人尊敬，就會發怒」的上司，但如果無論如何都得與他扯上關係的話，最好的做法就是不要直接指出他的問題。

發現這種人在工作上犯錯時，不要直接指出來，而是悄悄修正，並讓他自己察覺，這才是上策。

厭惡他人指責的人，雖然自尊心高，但多半也具備高度知識與能力。與這種人相處時，可以刻意展現出「在指出你的錯誤前，修正這項錯誤是我的工作」的態度。

讓有能力的人做他該做的事情；萬一出了什麼小差錯，悄悄幫他修正好就行了。這麼一來，彼此的工作應該都能進行得更有效率。

## 花點心思讓對方分泌催產素

具攻擊性的人往往擁有高濃度的睪固酮，讓他們分泌一點催產素，或許是個不錯的方法，因爲催產素有抑制睪固酮的效果。

「提高您（主管）的評價，就是提高我的評價」，只要像這樣展現出恭維的態度，讓對方覺得你不是敵人，而是自己人，就能促使他分泌催產素。

不過分辨主管有沒有本事可是很重要的。如果對方有能力，繼續恭維他倒是無所謂；但如果主管的水準太低，追隨他對自己一點好處也沒有。

而且要是過度被主管牽著鼻子走，讓主管以為你對他言聽計從，說不定甚至會提出違背倫理道德的要求，或強迫你扛下所有的黑鍋。這種時候，除了悄悄離開這個環境，別無他法。

另一方面，如果主管的能力高於一般人，那麼他出錯時，就悄悄幫他改正吧。只要不是反社會、反倫理的行爲，就採取「凡是您（主管）決定的事情，無論如何都會照您的決定做。您的選擇是正確的」的態度。但在此同時，還是要盡可能與這樣的人保持距離，能不跟他扯上關係最好。

案例8

# 被害意識強，容易小題大作的抱怨者

## 「遭到忽視」的被害情緒

即使醫師覺得自己已盡心盡力地提供患者最好的治療，還是會有患者抱怨「爲什麼只給我這種程度的治療／藥物」，或是投訴「爲什麼每次都把我老公排到最後才看診」的家屬。就算試圖跟他們解釋，他們也聽不進去。

而這應該也是許多醫療從業人員、必須應付怪獸家長的學校老師、法律相關從業人員等共同的煩惱吧？

患者／家長對醫師／老師的不信任感背後，可能多數都有著「自己或家人遭到忽視」的被害情緒。尤其女性的血清素分泌原本就比男性少，更容易感到不安；另一方面，女性荷爾蒙雌激素，也具有追求共鳴的特質。

因此，對於一般而言更以家庭為重心的女性來說，一旦覺得自己被看扁、被忽視，憤怒的情緒就會爆發。

換句話說，她們可能有「我老公受到的待遇是不是比其他患者差？只要我生氣，應該就能解決這件事情」的錯誤認知。像這種時候，盡可能具體而詳細地說明「您先生現在的狀況是……」是一種解決辦法。

「醫師只顧著看其他患者，根本不管我老公。」面對這樣的抱怨時，拿出治療計畫，說明「目前在這個階段，就算做得更多，也只會消耗您先生的體力而已」之類的具體事實，比較容易獲得對方的理解。

學校方面也一樣，可以把孩子身上只有老師才知道的優點告訴家長，例如：「A同學在某方面的能力比其他人更優秀，至於某方面，目前還需要再觀察一下。這是因為如果要求他做得更好，只會對他造成壓力，甚至有可能帶來不良影響。現在先仔細觀察他的狀況、確認他自己的想法。」像這樣，提出對孩子的教育方針，就能讓家長安心。

重要的是，掌握「能讓對方感到安心」的重點，不需要花時間回應對方所有的要求。

因爲只要能確實知道是什麼讓對方感到不安，並對症下藥，就能配合不同的狀況，提供能讓他安心的資訊。此外，如果對方的要求超出自己的能力，誠實地說出自己做不到，也是很重要的。

## 不要試圖靠自己的力量解決一切

如果把不滿與不安發洩到自己身上的人並不算太惡質，或許可以告訴他「你的不安只是空穴來風」；但如果遇到心懷惡意的人，就必須小心應對，因爲遭到心懷不軌的人投訴或抱怨，簡直就跟遇到事故沒兩樣。有些人會不斷壓榨重度障礙者到幾近詐欺的程度；或是假裝受傷，抱怨「就是用了某某公司的機器，才變成這樣」，要求該公司給予不合理的賠償。

遇到這種情況，千萬不要想靠自己的力量解決，應該同時考慮求助於警方之類的權威。

此外，若是因爲有精神方面問題而無法消除不安的人，不經意地建議對方去看精神科也是方法之一，這同時也是確認對方精神狀態的做法。

無論如何，最重要的都是「不要以爲靠自己的力量就可以解決一切」。家庭和醫院或其他的專業機構應該各自分工。以學校爲例，行政人員與導師應密切合作，該由行政人員來處理的問題，就交給他們來處理；畢竟在同樣的時間內，一個人能做的事情十分有限，不能什麼都攬在身上。

而且無論再怎麼努力，都不可能讓一天多於二十四小時。「分工合作」，就是提高自己參與度最好的方法。

雖然大家把「不麻煩別人」視爲美德，但我們應該建立「適當分工，才能嘉惠彼此」的觀念。

## 妄想性人格障礙

總是只能想到最壞的情況，動不動就變得神經質，不管別人說什麼都無法停止焦慮的人，我們可以推測其人格可能有點異常。這種類型的人，可能會被歸類爲A型人格障礙，或者說是妄想型人格障礙（人格障礙可分爲A、B、C三種類型，底下再做細分；妄想型人格爲A型人格的子人格之一；至於是否確定爲人格障礙，必須經由專業醫師診斷）。

妄想型人格障礙是人格障礙的一種，特徵是會把所有人都看成攻擊自己的敵人，有時也會直接稱爲「妄想症」。

事實上，別人只是善意地建議「可以試試這個」或「這麼做應該也不錯」；就算如此，他們仍會反感，覺得別人這麼說是爲了貶低自己。

這類型的人常覺得別人的話全都是批評。比如對他說：「再稍微這樣這樣做，你覺得如何？」他就會回答：「你瞧不起我嗎？」

容易感受強烈不安的人與人格障礙之間的關聯，雖然不一定與腦科學的根據一致，但還是可以由此推測出，此一類型的人在社會上仍有一定數量。就算和這些人講道理，他們也很難聽得進去。我們必須理解，這是對方的人格特質；也必須知道，有些人就是會因爲我們連想都沒想過的點，而深信自己「遭受攻擊」，甚至突然反過來攻擊我們。

這時候，建議找專家介入，或與經驗豐富的主管及前輩一起思考對策。

案例9

## 嫉妒其他孩子的才華、刻意找碴的媽媽友

### 降低嫉妒的最有效辦法

遇到具有攻擊性的媽媽友，是一件非常麻煩的事情。舉例來說，假設女兒

與同學在同一間芭蕾舞教室上課，女兒也在發表會上拿到不錯的角色，沒想到這位同學的母親卻開始在背後說壞話，故意找麻煩。

「嫉妒」導致的憤怒非常強烈。我們先從腦科學的觀點，思考爲什麼會產生嫉妒這種情緒。

心理學上認爲，彼此關係中的「相似性」與「獲得可能性」越高，嫉妒的情緒就會越強烈。

「相似性」是顯示在性別、職業、興趣嗜好等方面有多少共通性的指標。換言之，當立場與自己相似的人，所獲得的事物優於自己時，便很容易讓人覺得不甘心。

譬如在這個例子裡，兩個小女生性別相同、年齡相近，也在同一間芭蕾教室上課等，因爲擁有許多相似性，所以很容易產生嫉妒的情緒。

至於「獲得可能性」，指的則是「自己獲得對方所擁有事物」的可能性。

舉例來說，原本以爲對方的實力跟自己一樣，或者差不多，但他卻得到了自己得不到的東西，或是達到了自己無法企及的水準，這時就很容易覺得羨慕或嫉妒。

換句話說，這位媽媽友很有可能覺得：「這孩子的實力明明和我家女兒差不多，爲什麼她可以拿到那麼好的角色？我無法接受。」而沒拿到角色的女孩也可能怨恨自己的朋友，因爲明明是自己伸手就能碰觸到的地方，朋友卻比自己更先抵達。

要應付這種人，拉開「獲得可能性」與「相似性」的差距是個有效的方法。不過性別與年齡等是無法改變的，很難降低「相似性」。因此就這個例子而言，可以考慮降低「獲得可能性」。

那麼，該怎麼做才好呢？我們可以試著思考一下。

降低「獲得可能性」的最有效方法，就是讓對方覺得「我無法做到那種地步」，或是「我們比不上那個女孩」。

簡單來說，就是讓她們理解，自己所嫉妒的對象，其實付出了難以匹敵的努力，而自己根本做不到那種程度。這麼一來，「嫉妒」的情緒就能變成「仰慕」。例如可以婉轉但稍微誇張地告訴她們，女兒在芭蕾教室下課後，在家也非常拚命練習；而包含父母在內的全家人，都會上網看影片認眞研究、飲食上也很用心思考對運動員有益的食材……

案例10

## 平常很溫馴，卻會突然暴走的人

### 只要改變認知，就能避開攻擊

這種類型的人，即使遇到自己覺得不舒服的事情，也往往因爲害怕說出眞心話會惹得對方不愉快，而壓抑著不說出自己的意見。不過一旦超過忍耐的極限，就會暴走發狂。

要是性格樂天一點的人，說不定忍著忍著就忘記了；但這種類型的人卻因爲忘不掉而耿耿於懷，使得怒氣累積到最後，變得更強烈。

正如前面所提到，東京醫科齒科大學高橋教授的研究發現，這是部分中腦缺乏血清素轉運子的人所具備的特徵。這些人只要覺得自己遭受不合理的對待，或被迫在不當的條件下從事某些事情，那麼即便自己蒙受損失，也會向對方採取攻擊。

即使知道這麼做會傷害自己，也非得痛揍對方一頓不可；或者就算不到毆打的程度，也會口吐惡言。

這些人不是普通的暴怒，而是覺得自己不惜做出某些犧牲，也要教訓對方，所以攻擊程度會變得相當激烈。換句話說，他們很有可能「加倍奉還」，甚至「玉石俱焚」。要是惹怒這種類型的人，後果可是不堪設想。

這些突然暴走、理智斷線的人，心中的憤怒就像野火般熊熊燃燒。他們外表看似溫馴，卻不代表他們的人格與個性就很和善。

他們的大腦，很容易產生「要讓對方好看」的念頭。

一般來說，大家都知道情緒突然爆發時，別人會怎麼看待自己。但這些人爲了攻擊對方，可以把別人的看法置之度外。

面對這種大腦容易覺得不公平的人，該怎麼做才好呢？

我們必須展現「絕對沒有不公平」的態度。尤其在職場上，若是身爲主管或工作者的分配者，平常就應該讓部屬知道「雖然大家看起來一副做得很輕鬆的樣子，其實都付出了相當的努力和代價喔」。

雖然我們很難判斷對這樣的人來說，什麼事情會讓他們覺得不公平，以及這樣思考背後的原因，但可以花點心思轉換他們的認知，讓他們知道，這些看似不合理的部分其實仍對他們有利，如此一來，就能提高避開遭受攻擊的機率。

比如說，我們可以實際讓他看見其他人做了多少事情，或是可以讓他知道「結果你也獲得了這些好處」。

至於面對「我其實是被利用了吧？」的不滿，只能眞心誠意地說明「完全沒有這回事，很抱歉讓你有這樣的感覺」或「這完全是誤會」，取得他的理解。請眞誠地告訴他「不是只有你一個人覺得不合理」。

事實上，這個方法對所有案例都適用：發現某人容易生氣時，請仔細觀察他什麼時候會發怒。

每個人應該都有自己的地雷。尤其許多男性對於階級或領域等問題特別敏感，當他覺得自己的地位或立場受到侵犯時，就很容易暴走，因此只要言行舉止多加小心，不要傷害對方的自尊，要避開攻擊就會變得比較容易。

就像前面提到、當忍耐超過臨界點時就會爆炸的這種類型，只要掌握「原來這些會突然暴走的人，其實也是容易懷抱不安的人」，就能針對這點做出適當的處置。

案例11

# 疑神疑鬼、容易發飆的「暴走老人」

## 年長者容易發怒的理由

年長者往往易怒、頑固、聽不進別人的話、疑神疑鬼，這或許是因爲大腦老化的緣故。

我們先來看看，爲什麼年長者容易生氣？

第二章曾跟各位說明過，許多人過了七十歲之後，腦部開始老化，額葉萎縮的結果，導致大腦抑制憤怒的功能逐漸衰退。換句話說，就是抑制情緒的刹車失靈。

即使大腦沒有退化，年長者也往往因爲自己這輩子累積了許多豐富的經驗，而在自我意識與認知上產生權威感；尤其是看到年輕人不成熟的地方，更容易覺得「看不過去」。

再加上世代差異造成的代溝，讓他們越來越難理解年輕人，覺得對方根本聽不懂自己在說什麼，使得年長者的憤怒逐漸累積，最後變得容易生氣。

## 疑神疑鬼的理由

爲什麼開始老化之後，人就會變得「疑神疑鬼」呢？

這是因爲腦部的老化，讓我們無法再信任別人。

「信任」其實是大腦經過「計算」後的決定。爲了獲得信賴與否的答案，必須經過看似單純，實則複雜的計算。

我們必須將獲得信任所需要的前提、對方的資訊輸入腦中，並考慮可能的風險後，才能得到「足以信任」的解答。

總而言之，信任必須經過「風險計算」，而這個過程意外地相當複雜。問題是，計算能力會隨著大腦老化而衰退，所以爲了安全起見，還是保持高度猜疑心比較好。表現在外，就是變得「疑神疑鬼」。

年長者容易變得「疑神疑鬼」的另一個理由，則可能與記憶有關。

大腦老化時，額葉會先開始萎縮。接著，顳葉和海馬迴也會跟著萎縮。其中，海馬迴是掌管記憶的部位，這也就是長者記憶力下滑的原因。

如此一來，大腦將會忘記美好的回憶，但不好的回憶與不舒服的經驗卻會留到最後。

這是人類無可避免的天性。因爲就算記不住美好的事情，也不會帶來危險，但壞事卻無論如何都必須記住。如果不記住「往這裡走會遇到不好的事情」，或者「和這個人往來會讓自己蒙受損失」，下次說不定還會重蹈覆轍。所以大腦天生就容易留下負面記憶，而且還能清楚地回想起來。

另一方面，動物也是如此。動物可以本能地記住疼痛與危險的經驗，同時會爲了保護自己，避免靠近危險來源。人類也是動物的一種，對於不好的回憶難免會記得比較清楚一點。

此外，前面也提過，額葉功能衰退，會讓人逐漸感受不到同儕壓力，這也是年紀越大，變得越頑固的原因。

因爲感受不到同儕壓力，就表示應該多傾聽他人意見的理性無法發揮應有的作用，才會漸漸聽不進別人的話。

老化造成的血清素分泌減少，也可能是原因之一，有些人甚至還會因此罹患老年憂鬱症，容易縮進自己的殼裡，不願意和他人打交道。

血清素分泌減少還會帶來什麼結果呢？就是原本受它調節的腎上腺素分泌過多，這也會造成年長者容易發怒的現象。

## 就算上了年紀，也能鍛鍊腦力

面對容易暴怒的年長者時，家人和身邊的人最好能夠理解，大腦一旦老化，就會導致易怒、頑固、聽不進別人的話、疑神疑鬼等情況增加，這其實是莫可奈何的事情。

老化會造成額葉萎縮雖然是事實，但程度卻因人而異；有些人就算將近九十歲，也完全沒有給人大腦退化的感覺。

我們可以推測：其原因在於平常有沒有鍛鍊大腦。

即使年紀增長，額葉和海馬迴還是會製造新的細胞，但由於這些細胞沒有和其他細胞產生連結，所以才會萎縮。

即使細胞會一而再、再而三地產生，器官和組織還是會逐漸邁向死亡。爲了不讓身體太快老化、爲了讓這些新生的神經細胞不至於萎縮，我們必須好好使用才行。

新生的腦細胞要是未充分使用，就無法產生連結，所以重點在於別讓額葉與海馬迴「太輕鬆」。隨著年齡漸長，的確會讓人越來越提不起勁與他人溝通，但最好還是能從事一些足以對認知帶來負荷的事情，例如不斷認識新朋友，或是玩一些能鍛鍊大腦的遊戲。但比起自己一個人玩，不如選擇與兒孫一起玩最近流行的遊戲。加入音樂社團、演奏樂器也很棒，不但能增加溝通的深度、認識新朋友，還能獲得挑戰的機會，鍛鍊大腦的效果也會更好。

除此之外，爲了穩定精神、增加能提高大腦功能的血清素，必須攝取能夠促進血清素分泌的食物，並注意大腦的營養補給。

舉例來說，多吃肉類或堅果，有助於血清素的原料——色胺酸的攝取，可促進血清素分泌。

雖然很多人覺得，年紀大的人最好不要常吃肉，但事實上，常吃肉的長者往往比較健康，我想這是因爲確實攝取了色胺酸的緣故。

除了能促進血清素分泌的飲食，做些散步之類的輕鬆運動也很重要。請盡量敦促年長者外出，透過散步等運動來活動身體吧！

## 案例12 為難店員、不聽話就生氣的奧客

### 「翻臉就會贏」的價值觀

那是我住在法國時的事情。

在機場或公家機關排隊辦手續時，偶爾會有無視隊伍、想插隊的人。他們滔滔不絕地說著「我有○○○的狀況，所以想快點把這項手續辦完」之類的歪理，想方設法插隊。而且除非無視排隊的人、優先處理他們的申請，否則他們會不斷說著歪理，最後甚至惱羞成怒。

以外表特徵來看，這些人多半是長得可愛的年長女性。

她們往往有著一頭金髮，外表也很美麗，可想而知，她們年輕的時候，應該也有「自己任性提出要求，還比較容易被接受」的經驗吧：試著說出自己希望別人怎麼做，沒想到對方竟然答應了。因爲曾有這種「先說先贏」的經驗，所以覺得「不說的話，我就虧大了」。

她們也知道自己應該乖乖排隊，但或許因爲累了，所以利用年紀大這點來耍任性，或是乾脆「翻臉」。如果自己的要求最後眞的被接受，那豈不是太幸運了？

然而這是「策略性生氣」的錯誤示範。

她們知道，只要耍耍任性，大家都會勉爲其難地退讓。

奧客也屬於這種類型，他們記住「只要暴怒，就能得到好處」的體驗，因而反覆做出這種行爲。

如果遇到這種人，用道理是說不通的，只能盡量不惹他們生氣，並以柔軟的身段閃避。如果直接跟他們說「你這樣做是錯的」，反而會火上加油，因此不要直說，而是透過閃躲讓他們知道，即使生氣也無法改變狀況。

舉例來說，告訴奧客「請在這裡稍等」，然後就這樣把他們晾在隊伍旁邊。要是他們生氣，就用曖昧的態度閃避「這個我沒有辦法決定，請稍等一下」，直到最後才處理他們的問題，讓他們知道「即使生氣也沒有意義」。

對應時，也可以採取「我了解您的心情，但我沒有這樣的權限」「這是已經決定好的規則，我實在無法答應您的要求」等婉轉而堅定的態度。重點在於明確讓他們了解「做不到的事情就是做不到」「我無法擅自下這樣的判斷」，如此一來，這些奧客便能認知到「翻臉反而虧大了。早知道就乖乖排隊」。

第 4 章

# 與容易暴怒的自己相處

案例1

# 覺得自己最近變得易怒

## 你的易怒，很可能是錯覺

雖然不到「動不動就發火」的程度，但意識到自己最近變得易怒，應該是一件不怎麼舒服的事情吧。

尤其是認爲個性溫和、待人溫柔，才算符合世俗價値的人而言，更是如此。當他們忍不住對別人發怒時，不但會因此嚴重消沉，甚至會耿耿於懷好幾天。對方感受到的怒氣，變成後悔反撲到自己身上，造成自我肯定感低落，變得更加暴躁。

不過，雖然有時候覺得自己變得易怒，周遭的人卻沒有這種感覺。

因爲越想做個溫和穩重的人，越容易清楚保留發怒時的記憶，結果變成總是只記得暴走時的事情。如果本來就已經很討厭發怒的自己，只要稍微有點不高興，就會覺得「自己好容易發脾氣」。

除此之外，也有可能是因爲太在意被別人說「你好容易生氣」。假設臉書上有一百則給自己的留言。有些人就算其中九九則都是稱讚自己的內容，但只要有一則是在罵自己，就會覺得這則留言的分量和其他九九則一樣重，並因此陷入消沉。

我想，大家應該都討厭在別人心目中留下「容易發火」的印象，甚至讓人覺得自己就是這種人吧？但實際上，情緒平穩的狀態遠比自己想像的還要長，發怒的次數也沒有那麼多。

## 記錄怒氣的引爆點

爲了客觀看待自己，可以試著記下自己較常在什麼時候、對什麼事情生氣，有意識地記錄自己容易發怒的時機，並試著分析相關模式。

發怒的原因應該有很多種，譬如別人不遵守之前說好的約定、覺得不公平，或是自己的工作得不到應有的評價……等等。

把容易讓自己發火的地雷可視化，就能運用「後設認知」來看待自己盛怒下的衝動行爲。

所謂的「後設認知」，是客觀看待自己行動的能力。從另一個「我」的角度觀察自己，就能判斷自己擁有什麼樣的思考、會採取什麼樣的行動、周圍的人怎麼想，以及自己的行動將帶給他人什麼影響。如此一來就能自我控制，並察覺自己應該採取的行動。

此外，我們也能藉由理解自己發怒的模式，知道別人發脾氣的模式與時機，稱得上是一舉兩得。

案例2

# 從小就易怒，又改不掉的人

## 易怒的性格會遺傳嗎？

所謂的人格或性格都是大腦的作用，要說遺傳有沒有影響，當然可以說有；不過現在已經知道，除了遺傳，成長的環境也會帶來很大的影響。

易怒的性格之所以難以改變，或許是因爲成長發育的過程使得大腦變得如此。

大腦容易陷入理智斷線狀態，可能是因爲「前額葉皮質」並未充分發揮作用。前額葉皮質是情緒與行動的剎車，此區域的運作一旦失常，就無法給出「不能這麼做」的抑制性判斷。

雖然飲酒與睡眠不足也會使前額葉皮質無法充分運作，但現在已經知道，親子關係與成長背景，同樣會影響前額葉皮質的發育。

根據研究顯示，童年時期與養育者的關係如果不佳、無法獲得充分的愛，將導致前額葉皮質發育所須的荷爾蒙分泌不足，進而使此一區域的發育不完全。

英國心理學家約翰．鮑比（John Bowlby）調查了在第二次世界大戰中成爲戰爭孤兒的孩子，並據此提出「依附理論」。這項理論主張，童年時期是否建立與養育者的「依附關係」——換句話說就是「情緒連結」的有無，將大幅影響日後的大腦發育與性格養成。

幼兒時期與養育者的關係若陷入不穩定狀態中，就無法形成「依附」的情緒連結，日後也就難以建立穩定的人際關係。

因爲只要能順利在幼兒時期建立情緒連結（依附關係），就能使「愛情荷爾蒙」催產素的分泌變得充足；而催產素有促進前額葉皮質發育的作用。因此，如果透過依附關係的建立，促進催產素大量分泌，就能讓大腦的前額葉皮質變得發達，也就能成爲較不容易發怒的人。

反之，如果無法建立依附關係，催產素的分泌便會缺乏，使得前額葉皮質無法充分發育。如此一來，大腦的刹車就會失靈、憤怒無法控制，人也很有可能變得暴躁。

而這種和情緒連結有關、導致易怒與否的依附類型，在人際關係中可分爲逃避型、焦慮型、紊亂型、安全型四種。

## 一被要求建立關係就會發怒的逃避型依附者

一旦碰到有人想依賴自己，逃避型依附者就會因爲覺得困擾而感到憤怒。這種類型的人多數是男性，並經常展現出「別給我找麻煩」的態度。

幼兒時期與父母關係經常中斷的人，很容易變成這一型。譬如與父母之間的關係不緊密，或是過著在父母與祖父母家之間來來去去的生活，都會使依附關係的建立不夠完整。如此一來，將導致個體早熟、獨立心強，並有主動逃避依附的傾向。

大多數的人都想與能信任自己的對象建立良好的人際關係，但對逃避型依附者來說，這種事等同於自己的領域遭到入侵，反而會讓他們感到困擾與憤怒。因爲不知道什麼時候會遭到背叛，所以不想與任何人形成依附關係。

也因此，逃避型依附者發怒的對象，多半是可能形成依附關係的他人。如果有人想要進入自己的領域，他們就會覺得這個人將來很有可能背叛自己，並爲此感到憤怒。

## 多數女性屬於焦慮型依附者

焦慮型依附者往往對獨處或單獨行動感到焦慮，容易依賴他人。因此這種類型的依附往往具備所謂的「戀愛體質」，而且容易過度依賴伴侶。

這是因為在他們的成長過程中，所獲得的愛是「有條件限制的」，導致依附關係的建立不夠完整。父母往往給出一個框架，讓孩子認為「只要脫離這個框架，就不會被愛」。比如說，當個乖孩子，就能受到父母疼愛；或是得到一定水準以上的成績與成果，就會受到稱讚……等等。在這種環境中長大的人，為了彌補發展不完整的依附關係，便形成自行創造依附對象（例如戀人），並對其產生依賴的傾向。

對焦慮型依附者來說，翻臉的對象多半是他們情感所依附的伴侶。舉例來說，如果對方沒有做到自己所期望的事情，即便只是微不足道的小事，也會因為不安而發怒。

## 兼具逃避型與焦慮型特徵的紊亂型依附者

也有些人屬於逃避與焦慮並存的類型，也就是紊亂型依附者。這種類型的依附者常見於父母態度反覆無常，或家長過度干預的成長環境。紊亂型依附的孩子，在獨處時會因寂寞而哭泣；但要是關心他的人靠近，又會反過來因厭惡而哭泣。這是由於他們無法信任與他人之間的連結，害怕即使現在得到愛，也會因背叛而再度失去。

## 不易發怒的安全型依附者

安全型依附者多半在幼年時期得以與父母建立穩定的關係，使依附關係發展完整。這類型的人能夠維持穩定的情緒，即使感到不悅，也保有從容思考、判斷的能力和餘裕。

舉例來說，當對方憤怒時，焦慮型依附者會怪罪自己，逃避型依附者則會覺得「我才不想跟他扯上關係」，但安全型依附者卻能客觀看待對方發怒的事實。

安全型依附者腦中所分泌的催產素十分充足，所以能夠信任別人、提高夥伴意識；而催產素也有修復身心的作用，這也使得他們能很快就從挫折中重新振作。

除此之外，安全型依附者也擅長建立與他人的連結，即使難免會與對方發生爭執，他們也相信彼此的關係不會就這樣毀於一旦。或許因爲如此，也有報告指出，安全型依附者往往能獲得更高的收入與社會地位。

## 大腦也能砍掉重練

對於有逃避或焦慮依附傾向的人而言，最好的方法就是獲得安全型依附的伴侶。當然，就算只是朋友也無所謂，總而言之，就是最好能與安全型依附者交流，複製對方的思考與行爲。因爲觀察對方如何理解他人、與他人產生共鳴的行爲模式時，就能活化負責模仿的神經細胞——鏡像神經元。

焦慮型依附也好，逃避型依附也好，容易發火的人往往只懂得以怒吼、哭泣、暴力等具攻擊性的強烈行爲來表現自己的憤怒，甚至連平常的往來對象（包含父母在內）也都是這樣的人，所以很少有經驗學會其他的表達方式。

因此，找到安全型依附者，並與之往來，學習他們表現情緒的方式，累積不怒吼也能溝通的經驗，想必就能學到更有效的溝通方法。

大腦，也是可以砍掉重練、重新培育的。

比如，想要增加催產素，方法其實很多。

身體接觸就是其中之一，所以即便只是接受按摩，也能收到效果。瑞典的學校就曾實際對學生進行按摩實驗，結果顯示，這些接受按摩的學生不但成績變好，問題行爲也減少了。

所謂的「摸起來舒服」，其實就是讓大腦覺得舒適的觸覺，而這也就是提高催產素濃度的重點所在。

另外，還有人將新生兒分成兩組進行實驗，一組穿著觸感舒適的內衣，另一組則否，分別測量催產素的分泌量，結果顯示，前者的催產素分泌量提高，免疫球蛋白的數量也連帶增加。

因此，在心情消沉的日子裡，不妨挑選品質好、觸感舒適的衣服、睡衣或寢具等等，可收紓解壓力之效。

除此之外，也很建議去聽場音樂會或演唱會。因爲現場的演奏或演唱，可以讓人感受到CD聽不見、頻率更廣的聲音；而這些頻率的音壓可以化爲刺激進入豎毛肌（與毛囊連接的肌肉，起雞皮疙瘩就是它造成的），具有促進催產素分泌的效果。

## 化憤怒為能量

此外，與其因爲易怒而消沉，不如試著將憤怒化爲自我成長的能量。善加利用憤怒的能量，反而可用來自我提升。舉例來說，遭到別人攻擊或扯後腿的時候，只要毫不畏懼地往前邁進就好，不要放任怒火肆虐，甚至口吐暴言。

感到憤怒的時候，不想與他人正面衝突者，或許會想扯對方的後腿做爲報復，但如此一來，自己什麼也不會留下。事實上，最好的報復，就是獲得比對方更優異的成果。當我們努力奮戰、試圖提高自己的技巧，把事情做得比對方更好時，就能磨練自己，同時也獲得力量。

案例3

## 對認識的人溫柔，卻容易對陌生人爆氣

### 沒有人際關係的地方，就不需要壓抑憤怒

有些人在面對公司同事或朋友等已建立人際關係的對象時，態度顯得溫和而有耐心，但是面對陌生人時，卻很容易發怒。好比遇到電車裡不守規矩的乘客，或是在車上大聲喧譁的學生，就會惹得他們發火；如果是認識的人或周遭的親友，他們心裡會有「日後還會繼續往來」「或許哪天也需要他們幫忙」的想法，所以不想被當成易怒的人，也就能控制自己的怒火。

因爲對方認識自己的緣故，如果貿然採取攻擊，姑且不論當下如何，日後說不定有可能遭到報復。

考慮到之後還需要往來，或是擔心將來可能出現的反擊，即使心裡覺得「這

個人怎麼會做這種事」「怎麼會說這種話」，也能發揮理性，壓抑怒氣。這是前額葉皮質的功能。

但是對象換成路人或陌生人時，由於彼此本來就不認識，具有高度匿名性，即使破壞人際關係，也不需要害怕將來遭到報復；相較之下，當下的反擊還比較可怕，所以只要不是看起來凶狠、會反抗的人，就能毫無顧忌地對他們發火。換句話說，這些人下意識地判斷「發怒也沒關係」。從優先評估人際關係或報復可能性的這點來看，這種人應該都算是聰明人吧。

有些時候，我們也會在餐廳看到因爲送錯菜，或餐點遲遲未到，而對服務生或店員大發雷霆的人。一般人看在眼裡，會覺得這種行爲簡直是沒把人當人看；用遊戲來比喻的話，就是把店員當NPC（non player character：非玩家角色，遊戲中玩家無法操控的角色）的意思。

遊戲中的非玩家角色沒有名字，也不是玩家可以操作的人物，只是個微不足道的「村長A」。同理，這樣的人並沒有把店員當成人，在他們眼中，店員也只不過是「店員A」，所以才會覺得即使對這些人發火也無所謂。

如果你是這樣的人，首先，請把這些陌生人視爲和自己平起平坐的人類，即便對方是從未謀面的服務生也一樣。接著可以想像一下：對方也是個有妻兒的普通人，也會遇到很多狀況；烹調速度或出餐變慢，他們自己也很困擾。只要在腦中想像類似這樣的故事，或許就能把想大聲咆哮的情緒轉換爲同理。

## 說不定會被認識的人看到

如果是出現在電視上、全國知名的藝人，想必很難輕易對路人動怒，因爲這種事一下子就會透過社群網站散布開來，必定會破壞形象。這些人只要想到「不知道什麼時候會被誰看見」，就比較能控制脾氣。

同樣的，我們也不知道自己暴怒掀桌的時候，有沒有人躲在旁邊看，只要想到這點，羞恥心就能成爲剎車，理解到：對陌生人怒吼不只很失禮，也會降低自己的格調。

案例4
## 被找碴就回嗆，一不小心就吵起來

### 就算被找碴，也能巧妙回嘴不爭吵

我很了解那種「一聽到令人生氣的話，就忍不住想跟對方吵架」的情緒。但要是眞的中了別人的挑釁，只會讓自己吃虧。

事實上，就算你一言，我一語，也不一定會吵起來——我先生就是個很好的例子。

即使對方看起來就是一副想吵架的樣子，他的回應方式還是有辦法讓人失去戰意。舉例來說，面對我發出去的球（我的找碴），雖然他看起來像是舉起網球拍回擊，但他的球拍其實並沒有穿線，那種感覺就像「啊，球從球拍中間穿過去了」，簡直就是搞笑短劇，讓攻擊者有種一拳打在棉花上的感覺。他明明有好好回應，但回應方式卻過於脫線，反而讓人失去戰意。

我眞的很佩服他的回應方式，在這邊跟各位介紹一下。

比如說：

**「你的腦袋到底有什麼毛病？」**

這句帶有攻擊性的話語，很容易引發爭吵，但是他卻回答：

**「有毛病的是我的腰」**，或者**「硬要說的話，有毛病的是胃吧」**。

如果雙方正在認眞討論，這樣的回答無疑火上加油；但我之所以找他麻煩，只是因爲一點雞毛蒜皮的小事，所以他的回答反而會讓人突然消氣。

還有另一個例子。

當我疲倦的時候，心裡就會湧出源源不絕的抱怨，像是「這個人爲什麼連垃圾都不幫我倒」之類的，這時我就會故意找碴：

**「為什麼你連倒垃圾這麼簡單的事都不做？」**

結果我先生像是沒聽到問題一樣，反問我：

**「妳今天是不是很累？我幫妳泡杯咖啡吧！」**

老實說，雖然我腦子裡想「在泡咖啡之前，如果你能先幫我倒垃圾更好」，但我也有「確實很累」的想法，怒氣也就因此逐漸平息下來。

大多數人聽到「爲什麼不幫我做一下○○？」或「至少做一下○○吧？」這種句子時，多半會用「我很忙耶」或是「麻煩死了」之類的負面詞句反嗆。

就算抱怨「爲什麼……」的人原本沒有找架吵的意思，只是稍微發一下牢騷，但要是回答得不好，可是很容易引發爭執的。

## 不落入言語陷阱

重點在於：不要落入對方的言語陷阱。

雖然對方問的是：「爲什麼不幫我倒垃圾？」但他眞正想聽到的不是理由，而是希望你幫他把垃圾拿去倒。

聽出對方的「弦外之音」，其實是諮商所用的技巧。當個案問諮商師「爲什麼您會這麼說」的時候，諮商師多半不會直接回答，而是會反問：「你現在的心情，是想聽我說原因嗎？」

「你現在是○○的心情嗎？」把這個技巧套用到生氣的情緒上，就是「你現在是不是有點想生氣？」

如果直接回應對方的話，就會變成你一言，我一語的爭吵。而這種詢問對方感覺如何的做法，則是從客觀角度同理對方情緒的技術。

要是聽到別人語氣強硬地質問：「爲什麼你……」就算知道自己有錯，也會因爲覺得被責怪，而反駁：「誰知道啊！」

再者，當對方質疑：「爲什麼你『從來』不幫我做○○？」而你對「從來」兩字產生反應的話，就會落入對方的攻擊性語言陷阱，並試圖出言回嗆：「沒有『從來』吧？」

就算「從來」或「完全」這種字詞本身並沒有什麼大不了的涵義，聽的人還是能夠從中感覺到說話者的意圖，並像抓住小辮子似地反駁：「我不是做了○○，還做了□□嗎？」在這個時候，如果能夠反問：「你是不是太忙了，光是顧自己的事情就已經分身乏術，所以才覺得我完全不幫忙？」或者「你被逼得這麼緊啊？」或許就能避開不必要的爭吵。

一旦落入對方攻擊性的言語陷阱，爭吵便會就此展開。對方找碴一定有理由，你可以選擇不對他的話語做出反應，而是同理對方這麼說的心情，展現出想和他一起解決的態度與誠意。就算做不到，也可以藉由將對方攻擊的理由攤開在眼前，促使他產生自覺、發揮理性。

案例5
# 對男性輕蔑女性的性騷擾發言感到煩躁

## 透過表情展現失望

即使越來越多性騷擾發言成爲新聞，拿結婚或男友當話題的人依然沒有減少。事實上，至今仍有許多男性拿「妳怎麼不結婚？」之類的失禮問題來測試女性的反應，完全就是把無聊當有趣。

我也經常被問到：「妳不生小孩嗎？」但如果有人這樣問我，我就會把對方拿來當成演講的題材，所以我想在此聲明：「如果不想被我當成演講的材料，最好不要問這件事。」

雖然能否構成「性騷擾」取決於定義，但在重視行爲規範（compliance）的時代，即使只是單純的提問，也必須注意表達方式。

有些人只對能眞正稱爲性騷擾的行爲感到不快，但也有些人光是聽到「怎麼不結婚」「怎麼沒生小孩」之類的刻板言論，就會覺得很受傷。

遇到性騷擾（或疑似）的發言時，先不要過度反應，只要問一句「你不懂什麼是行爲規範嗎？」應該就夠了。

當然，就算這麼說，有些人還是聽不懂。不過從這種反應來看，就算突然做出過度反應，他還是無法察覺你爲什麼爆氣。如果你眞的很想宣洩自己的憤怒，請等待適當的「策略性發怒」時機。

當平常尊敬的人竟對自己做出性騷擾發言時，情緒上可能會超越憤怒，轉爲「原來這個人也會說這種話」的失望。這時候，只要嘆氣就夠了。稍微停頓一下，露出「唉，這個人也一樣」的表情，應該就能傳達自己眞正的想法。

不是突然暴怒，而是展現從容的態度，把自己的不悅傳達出來。只要覺得「對方的話讓我不舒服」，就必須讓對方知道才行；笑著蒙混過去，只會讓對方以爲「就算對這個人說這些話」也無所謂。一開始的反擊永遠都是最重要的。

比如，我們可以說：**「原來○○○也會說這種話啊。真是嚇壞我了。」**將溢於言表的不快與失望展現出來。

或者像前面提到的，面對某些人，不用把話說破，露出「你說這種話眞讓我失望」的表情也可以。

性騷擾的行爲當然另當別論，不過即使大多數的人都知道「現在已經不是可以隨便拿隱私開玩笑的時代」，依然搞不清楚怎樣才算是冒犯；尤其談話或聊天時更是如此，所以也有些人乾脆先問了再說。對於這樣的人，我認爲大家應該抱著「告知」的態度，用言語明確地讓他們知道「現在已經不是可以說這種話、做這種事的時代了」。

案例6

# 突然覺得不安、爆氣和小憂鬱

## 在生活中多多留意

當人們覺得不安、焦慮時，大腦會明顯呈現血清素分泌不足的狀態。

如同前面所說，血清素是稱爲「安心荷爾蒙」的腦內荷爾蒙。足量分泌的話，能讓人感到放鬆和滿足；反之，如果分泌太少，就會容易感到焦慮。萬一血清素的分泌量變得更少，前額葉皮質的功能就會變差，導致同理心、計畫性、積極性等協助我們採取適當社會行動的能力下滑。

血清素分泌不足時，許多人不但會變得消沉，攻擊性也會提高，容易引發讓人不易控制攻擊衝動的行爲障礙，而且就連一般不會引發怒氣的事，也會變得敏感，讓理智容易斷線。

更糟糕的是，當人們處在焦慮、消沉，甚至是憤怒的狀態時，更會希望找出之所以變成這樣的理由，卻因此變得更負面，陷入惡性循環。

與男性相比，女性的血清素分泌量原本就較少，而現在也已經知道，季節、壓力、食物等都會影響其分泌。尤其在經期中、經期前、日照時間開始變短的秋天，都會讓血清素變得更難合成，分泌量當然也會減少。

因此，也有較多人會在這種時期裡，因平常根本不在意的小事感到焦慮或陷入憂慮狀態。

只要了解季節的影響和大腦的機制，就能更客觀看待自己的情緒，以正向的態度面對。

假設現在正是容易讓人變得消沉的時期，我們應該採取什麼對策呢？

前面也提過，有許多可以有效促進血清素分泌的生活習慣，例如積極攝取蛋白質、照射日光、悠閒泡澡……等等。

此外，請找一個「不管什麼時候去，都能感到放鬆」的地方，或是「當我消沉時，可以同理自己的人」也是個好方法。朋友也好，情人也好，家人也好，擁有一個可以聊心事，不用什麼都獨自呑忍的對象，是非常重要的事。

但要是無論如何都無法緩解沉重的心情，請務必尋求專業人員的協助。

身體受傷的時候，傷口是看得見的，所以也能知道該如何處理。但心裡的傷看不見，所以人們往往會覺得「自己想辦法解決就好了」。但有些時候，「心傷」是無法光靠自己一個人的力量治癒的。

## 容易憂鬱的人

至於憂鬱，應對的方法有很多種。首先，大家必須要有個概念：某些類型的人，特別容易感到憂鬱。比如認眞的人，或是不惜犧牲自己也要爲別人付出的人都是。

雖然這些類型的人往往會被人稱讚「很拚」「好努力」，事實上卻是有苦說不出，一不小心就會陷入憂鬱。

對於這些類型的人，心理諮商師多半會從認知方面下手，幫助他們轉換思考，覺得「再偷懶一下也無所謂」。

我個人認爲，覺得自己快陷入憂鬱的時候，可以找諮商師或相關專業人士進行如上所述的認知行爲治療。但必須要知道的是，從認知方面著手需要花很多時間，而且責任感越強烈的人，說不定越容易抗拒改變自己的認知，不願意「得過且過」。

另一方面，也有些人會擔心，要是去身心科／精神科看診，會被當成「有病」，甚至成爲負面經驗，失去周遭人們的信賴。

就以上這兩種顧慮來看，越是無法依賴別人的人，越需要抱著「陷入憂鬱時，大腦的狀態與平常不同」的認知，才不至於讓身心健康走到崩潰的地步。

## 不習慣對自己太好

拚勁十足、責任感強烈的人，要是突然陷入消沉、變得憂鬱，往往是因為「不習慣對自己太好」。

必須提醒大家的是：為了保護自己，維持身心健康，養成「對自己好」的習慣是絕對必要的。當然，不是每個人都這麼有責任感，沒有幹勁的人也隨處可見，所以能擁有這樣的特質，其實非常了不起。但另一方面，我覺得目前為止，自己所認識那些責任感強烈的人，絕大多數都是對自己不夠好的人。

不是只有「休假」這類保護身體或體力的舉動，才叫珍惜自己或對自己好；也包括當別人說出否定自己的話語時，透過適度反擊以守護自己的「心」。聽見有人說了朋友的壞話，我們明明能馬上告誡對方「你這麼說不太好」；但是為什麼被嚼舌根的對象換成自己時，我們卻無法反駁？

你是不是也有過這樣的經驗：上司或同事說了某些瞧不起自己的話時，儘管心裡覺得很受傷，卻完全不敢回嘴？這就是「不珍惜自己」的行爲呀！需要自己好好珍惜的，不只是身體，也包括心靈。

如果不珍惜自己，最後任憑理智斷線、情緒化地暴走狂怒，或是因此而病倒，說不定這才是給自己帶來最可怕的麻煩。

因此，我們必須先保護自己；而爲了做到這一點，學會防禦手段非常重要。

## 保護自己的漂亮反擊

在什麼情況下，內心會特別容易遭受打擊？就是覺得自己遭人輕視的時候。

舉例來說，比起「忙碌」或「工作很多」，「被別人看扁」「努力沒有獲得認可」或「自己沒有價值」的感受，更容易讓人在精神上受創。

練習如何透過言語漂亮反擊，就能有效保護自己，不被別人輕視的話語或態度傷害。

舉例來說，當別人挖苦「你就只會做這種工作嗎？」的時候，你可以直接反問：

**「什麼叫做『這種工作』？」「不然，你覺得什麼樣的工作才不是『這種工作』？」**

或者也可以這樣回敬：

**「就算我的工作能力比較差，但站在你的立場，也不應該說這種話吧？還是說，像你這樣的人，只說得出這樣的話？」**

又比如說，有人取笑你的外表時，你可以像諧星一樣，以幽默的方式巧妙反嗆：

**「哇，你是對我有意思，才故意這麼說的吧？」**

明明聽到刺耳不舒服的話，卻不願意反擊的理由或許有很多，像是不想把事情鬧大，或希望自己能當個好人等等。但這麼做其實會傷害自己的心靈。這種時候，請接納受傷的自己、思考受傷的原因，以及該怎麼做才能避免。爲了珍惜自己、預防憂鬱，好好與自己對話是最重要的事。

越是忙碌，越需要空出時間，停下來問問自己：**「我真正的感受是什麼？」「我有沒有壓抑自己的情緒？」「我真的願意全部隱忍下來嗎？」**

我想，只要擁有與自己對話的時間，長此以往，就能常保心理健康，帶來健全的人生。

第5章

# 策略性發怒說話術

## 別當好人！

我被外派到歐洲的研究機構時，一位女同事曾對我說過一句話，那就是「Don't be nice」，也就是「別當好人」。

而她也對我說過好幾次：「妳應該更生氣一點。」

我想，這是因爲她看穿了我的性格，知道我想當好人，所以在表達自己的意見前，會先看別人臉色，最後只能對別人言聽計從，才給我這樣的忠告。

這位女同事來自阿爾及利亞。雖然她是個很容易生氣的人，但我也從她身上學到，不生氣的人，不等於就是好人。

在國外生活時，經常遇到需要表現出怒氣的場合。她容易發怒的形象，或許是這種生活的洗禮，讓她不得不學會如此保護自己，同時也是爲了讓別人接受自己的主張所採取的手段。

## 「好人」不擅長吹牛

有一種叫做「德州撲克」的撲克牌遊戲，是種一邊排出牌型，一邊與其他玩家鬥智的遊戲。

玩家要先預測自己與其他玩家手牌的好壞，再透過下注（拿出籌碼）、跟注（拿出和上一個玩家相同的籌碼並繼續遊戲）、加注（拿出比上一個玩家更多的籌碼競價）、棄注（放棄遊戲）等動作，在爾虞我詐中進行遊戲。而在過程裡，常常會使用「吹牛」的技巧——換句話說，就是虛張聲勢。

我想，玩過的人都知道，「好人」往往不太擅長吹牛。

撲克牌往往被稱爲吹牛的遊戲。因爲即使自己手上的牌組不強，仍可以透過推測其他玩家的手牌或心理狀態，虛張聲勢地加注，或是在關鍵時刻選擇梭哈（指將所有籌碼全下），藉此一決勝負。如果其他玩家被你唬住，因而放棄遊戲，你就能夠贏得這一局。

許多亞洲文化都以維護眾人的和諧為優先，所以往往覺得，堂堂正正地以手上的牌來決勝負才是「對的」，透過欺騙或唬弄的手段誘使對手棄權，則是「狡猾」的做法。之所以會這麼想，或許是因為討厭自己被騙吧。

但撲克牌是遊戲，遊戲就是要分出勝負。為了獲勝而運用「吹牛」的技巧，相當於透過策略向對方強烈傳達自己的意志；換句話說，這是一種與「策略性發怒」類似的溝通技巧。

對紙牌遊戲而言，贏得籌碼比大家和樂融融地打牌更重要，才會不惜耍手段（相當於發怒），也要贏得勝利。想當好人，就會輸掉遊戲。這樣的人在以贏取彩金為目標的國際棋牌遊戲中，絕對會被當成肥羊宰。而且不只輸掉遊戲，甚至會成為牌友鎖定的目標，被當成海削一筆的對象。遺憾的是，「東方人＝肥羊」的概念已經在國外根深柢固。因為相對於習慣說出自我主張的歐美人士，東方人不管被如何對待，多半只會默默微笑，不懂得反擊。

如果不想被當成肥羊，除了必須擁有冷靜的計算能力，當對方虛張聲勢時，也不要想著「乾脆放棄算了」，要能分辨自己有沒有機會贏。

就最近的網路遊戲來看，即使是眞人對戰，也具有高度的匿名性，無法眞的知道對手是誰。但傳統的桌上遊戲或棋牌遊戲，例如撲克牌、麻將、圍棋、將棋等，即使不到虛張聲勢的程度，也必須與對手實際面對面說話或鬥智。雖然只是單純的遊戲，但在過程中，應該也能當做練習如何在人際關係中堅持自我主張的好機會。

爲了避免自己被當成「肥羊」，學習策略性發怒的技巧有其必要。

## 一旦發現自己吃虧，就應該反擊

亞洲社會多半有一種風氣，覺得挑起爭端的人就是愛惹事生非的傢伙。這或許是因爲我們從小接受的教育就是「不能造成旁人的困擾」「把事情鬧大不好」「別惹人閒話」「不要興風作浪」「不要跟別人吵架」……等等。

但很少有人會從「具備問題意識」「獨立」「有自己的想法」等面向來評論挑起爭端的人。

首先，說出自己的意見不叫「挑起爭端」。再者，就算有什麼爭執，只要透過討論與溝通，應該就可以解決。但是不知道爲什麼，這樣的人在社會中往往被當成麻煩人物，眞的很不可思議。爲了避免因「和諧」而導致自身權益受損，希望各位都能養成反擊的技術。

「只要自己忍耐一下就沒事了」，這麼想或許能換得一時輕鬆，但想說的話如果不說出來，只會讓不滿逐漸累積，最後化爲憤怒。萬一爆發，就不是「爭執」可以解決的了，甚至有可能演變成更嚴重的事件，也會對自己造成難以挽回的傷害。

一旦發現自己吃虧，就應該有技巧地還擊。如果不懂得這麼做，就只會被別人當成可以壓榨的對象，遭受更嚴重的損害。

此外，吃虧時應該反擊的理由還有一個，就是要中止「攻擊會帶來快樂」的循環。有些主管、丈夫或妻子會覺得「不管對那個人說什麼都沒關係」，而從部屬或配偶身上獲取「精神騷擾的快感」。這是多巴胺分泌所造成的現象，而且越是攻擊，多巴胺的量就越多。爲了避免被當成「不管別人說什麼都無所謂」的人，該發怒的時候就必須發怒，並且要確實地以言語抵抗。

仔細觀察就會發現，公司裡那些能獲得高度評價的人，也往往都是擅長用言語反擊的人。

因爲不知該如何爲自己出口氣，而帶著壓力回家、把氣出在家人身上，這不叫「正確的發怒」。所謂的「策略性發怒」，第一步就是要正確選擇對象。

換句話說，就是在適當的場合對相宜的人以恰當的方式和程度生氣。

假設主管罵你「無能」時，你會先怪罪自己能力不足，並沉默以對的話，請在反省自己前，先看看對方。

我們必須理性判斷：主管所說的話是否正確？是否有眞憑實據？說不定對方只是把貶低他人當成樂趣罷了。

當主管對你破口大罵時，請試著冷靜觀察他。接著，爲了避免成爲被對方當成好欺負的肥羊，必須巧妙反擊——只要展現出「我可不好惹」的態度就行了。即使當下狀況不允許你立刻做出什麼回應，也不要乖乖低頭聽訓。就算只是盯著對方看、在心裡說：「錄取無能員工的，不就是這家公司嗎？」「你這個永遠無法教育無能部屬的主管，不也很無能嗎？」「這個人在指導部屬的時候，除了說人家『無能』，什麼都不會。」也能讓心情稍微輕鬆一點。

許多人可能都不習慣「吵架」，我也是。就算眞的吵架，也不知道該在什麼地方讓步或什麼時候收尾，所以會刻意避免爭吵，想透過忍讓和平解決。結果，也因此喪失了「學習妥協的機會」。

從某方面來看，「沒有機會學習如何吵架」似乎是好事；但是在某些情況下，這種缺乏訓練的天眞狀態並不理想。

學校也告訴我們，吵架不好，應該避免。

那種暴力相向的爭執當然不是好事。但我也覺得，學校應該透過角色扮演的方式，讓學生實際上學習議論或爭辯的方法。就算有些時候會剎不住車、變成激烈爭執，但藉由角色扮演，了解如何說出維護自身權益的主張，最後找出雙方都能接受的結論或和解點，或許也不錯。

## 「好人」也不擅長議論

許多人既不習慣生氣，更不習慣吵架。因爲社會上有「以和爲貴」的文化，所以大多數的人不但很純眞，也沒有接受過「別人對自己發脾氣時，該如何處理」的相關訓練。這樣的人一旦遭到別人反駁，就會垂頭喪氣，對言詞交鋒的議論更是不擅長。

我同樣也不擅長這種事，所以現在一邊寫著，一邊反省。

在日語中，有一個詞叫做「論破」。論破的受詞通常是人，意思是「把某人駁倒」。

但我也聽說，法語很少把「人」當成「論破」的受詞，多以「討論的對象」為主，譬如某個癥結點或有疑問的地方。

換言之，法國的「論破」不是「把人駁倒」，而是「破解」某項「論點」、將某個主題討論到極致，所以議論和思辨得以在法國蓬勃發展。然而我們所說的「辯駁」或「論破」，卻常用來形容「把某人駁倒」，被破解的是「人」。結果目的變成讓對方閉嘴、否定對方，甚至演變為爭吵。

話說回來，就算把某個人駁倒，只要他沒有改變自己的意見，「論點」就不會產生變化，「論破」本身也失去意義。

大家收看電視新聞或國會轉播時也經常可以看到，議題討論到一半就開始變成口水戰，要不就是指責對方或所屬的政黨，要不就是拿對方過去的發言當箭靶、否定他的人格等，導致重要的議題無法深入進行，議程一再延宕。這或許是因爲許多民意代表一開始就把「駁倒他人」當成目的吧。

曾演出許多日劇與電影的男演員木下鳳華，在某個綜藝節目的短劇中扮演一位愛找碴的課長，這個角色很受歡迎。在劇中，他會說出「好，論破！」的結論，讓別人閉嘴。雖然我也很喜歡這個角色，但這終究只是演戲，如果有人想在現實裡使用這一招，我會勸他最好還是不要，畢竟這無法成爲眞正的討論，在某種意義上只是一種「舌戰」，目的是讓對方閉嘴、說不出話來。

在討論或交涉的場合裡，每個人應該都有自己想要達成的目標。比起駁倒他人，獲得自己眞正想要的利益才是目的；眞要說起來，就算表面上看起來好像講輸別人，其實也沒關係，但似乎很多人都沒有意識到這點。

換句話說，即使「輸掉面子」，只要「贏了裡子」就好。

就算辯到對方說不出話來、覺得自己贏了，別人也只會覺得「隨便你愛怎麼說就怎麼說」，沒有任何好處。

因此，懂得「策略性發怒」很重要。

不是光憑氣勢或激辯駁倒對方，而是要利用發怒這項行為，讓攻擊者對你另眼相看：覺得你還有兩把刷子，而且在該表達自己的意見時，也懂得如何陳述，是個不容小覷的人。

## 情緒可以氣憤，但言詞不能失控

好的策略性發怒，重點在於情緒可以氣憤，但言詞不能失控。

當別人說的話可能傷害你的人格時，完全不需要忍耐，因爲這剛好正中對方的下懷；但也不能像對方一樣口出汙言穢語，反過來傷害對方的人格。因爲這麼做不但有可能讓自己遭受更嚴重的反擊，也會被周遭的人同樣貼上「易怒」的標籤，對自己來說也不是什麼好的結果。

首先要知道的是，我們只要感到憤怒不平就好了，並在心裡想著「他怎麼可以說這麼過分的話」或是「我不可能再讓他這樣糟蹋」。接著，要下定決心，爲了避免再度發生同樣的情形，要用最有效果的言詞和態度，將自己的心情與主張傳達出來。

這時，必須注意用字遣詞。請選擇「就算情緒上氣憤，也不會破壞與對方的關係，而且還能保護自己」的語詞。

因爲就算是同一句話，在憤怒時使用，與策略性地小心使用，帶來的結果將截然不同。能否控制自己的情緒是關鍵所在，光是這點，就能大大改變給對方的印象。

接下來，我想試著舉出具體的反擊案例。

## 給人不好惹的感覺

如果你想讓對方知道「我不會乖乖站在那裡讓你打」，那麼讓他覺得「攻擊這個人很麻煩」是個有效的方法。

舉例來說，遭主管惡言咒罵時，可以簡單地質問對方眞正的意圖，並試著傳達自己的不悅：

**「您真的能斬釘截鐵地這麼說嗎？身為課長，您卻故意選擇高風險的表達方式，真的很不可思議。在這個職權騷擾很容易成為問題的時代，您為什麼選擇這種說法呢？」**

當主管對身爲女性的妳說出有性騷擾嫌疑的話語時，也可以委婉地讓對方感到愧疚：

**「即使我是男的，您也會這麼說嗎？」**

**「上司對部下說這種話，難道不會違反公司的行為規範嗎？」**

具有攻擊性的人，多半會找上他認爲不會反駁的對象，所以當自己變成目標時，必須展現出「我會確實反擊」「想攻擊我、讓我受傷，可沒那麼容易」的態度。如此一來，對方就會覺得你不好惹，並放棄找你麻煩。

雖然這麼說需要勇氣，但是讓對方知道你明明沒錯，卻遭受不當對待，不僅能提高對自己和生活的滿意度，也能擺脫煩躁的心情。這樣的行動，正是珍惜自己的表現。

## 用幽默傳遞事物的本質

當我們陷入焦慮的時候，很可能會說出對他人窮追猛打的話；另一方面，當一個人不斷遭受尖銳的質問、被逼進死巷時，情緒上就沒有空間去思考對方眞正想表達的意思，導致事物的本質無法傳達，反而招致誤解。

我認爲，即使在反駁的時候，也有必要在對話中創造能讓自己與對方思考的空間。或許各位可以記住一些讓人忍不住噗哧一笑的說話技巧，在傳達眞正的想法時穿插一點幽默。

暢銷漫畫《深夜的糟糕戀愛圖鑑》中，就記載了許多以幽默點出本質的對話。以下舉幾個例子；而這些例子雖然有點極端，但各位還是可以做爲參考。

例一，男同事拿「二十五歲了，還沒有男朋友」這件事來攻擊女主角，並取笑她：「妳也太魯了吧，不然我大發慈悲跟妳交往好了？」然而女主角不但沒有感到退縮，反而這樣反擊：

**「哈哈……這樣啊……不過，就算跟你交往，我也稱不上人生勝利組啊！」**

例二，平常完全不做家事的男子回到家後，對著同居的女友抱怨自己工作很累，甚至挑剔起同樣也在上班的女友所煮的飯菜。

聽到男友一副大少爺似的發言，女友毫不留情地反嗆：

**「我要上班、做家事，還要照顧你，我才累呢……你光是上班就這麼累嗎？你沒事吧？生病了嗎？我可以再問一次嗎？除了工作之外，什麼事都沒做的人，到底哪裡累了？難道……光是呼吸就覺得累？」**

例三，有位年長男性百般挑剔出生在「寬鬆世代」（泛指出生於一九八七到二〇〇四年、接受日本改革後新課綱教育的人）的年輕人：「你們這些寬鬆世代，應該什麼苦也沒吃過吧！」

聽到這句話的年輕人則反擊：

**「又來了，遇到問題就推給寬鬆世代。前輩～不要對寬鬆世代這麼認真嘛！」**

例四，任職於某公司接待處的女子，對著不斷找碴、抱怨的來訪對象說：

**「這位先生，您今天到底是來幹嘛的？難道您在訪客登記簿上所寫的來訪目的是『登記跟找碴』？」**

我自己非常喜歡這部漫畫，書中除了以上所舉的例子外，還有許多幽默、令人發噱的言詞反擊，請各位不妨一讀。

## 給對方臺階下

成功的人擅長控制自己發怒的時機和程度。例如本書一開始提到的藝人有吉弘行和松子DELUXE，都是生氣的達人。他們看似生氣地指責對方，卻只是點到爲止，事實上並沒有說出任何傷害別人的話。他們就算生氣，也不忘給對方一個臺階下。

那是二十多年前的事了，卻讓我印象深刻，直到今天仍記憶猶新。當時我去了位於新宿二丁目的男同志酒吧。

雖然那間同志酒吧也歡迎女性光臨，但有可能是我看起來有點太得意忘形吧——我忘了當時聊到什麼，或是在什麼狀態下，總之，酒吧的媽媽桑突然對我說：**「我不覺得妳有多聰明或多漂亮啊。」**

我既不習慣同志酒吧的氣氛，也不習慣這樣的吐槽，瞬間覺得被澆了一桶冷水。大概是我的表情看起來很難過吧，媽媽桑立刻露出燦爛的笑容，對我說：**「就跟一般女生差不多喔。」**給了我一個臺階下。

無論是用字遣詞的選擇，或是停頓時機的掌握，媽媽桑都做得恰到好處，確實傳達了自己的意圖：「得意忘形很惹人厭，所以我會毫不留情地吐槽；但我不是排擠妳，也沒有要傷害妳的意思。」我覺得這個人眞是太會說話了，非常羨慕他。我不僅不會感到討厭，甚至還覺得鬆了一口氣，「這個人用很公允的態度對待我」。

這是一種透過巧妙的發怒、保持距離，最後不經意地進入對方心中，甚至讓對方覺得親切的話術。可以的話，請務必學起來。

## 不做自己不擅長的事情

有一位資深研究員A，在國內外都獲得高度評價。他在接受別人的請託時有個原則，就是絕對「不做自己不擅長的事情」。

但相對的，他會確實掌握自己擅長的領域，希望把自己的勞力與時間，徹底運用在喜歡和拿手的事情上。

如果別人拜託A做他不擅長的事情，他就會斷然拒絕：「我不是那個領域的專家，不能造成你的困擾。」

就連自己的研究也一樣，A同樣會避免去做他不專精的事，而是去找更專長於此的人，委託對方進行。

同一間研究所的夥伴B，則與A完全相反。他努力克服自己不那麼在行的工作，就算不是自己的研究，也會幫忙別人。

兩個人都很優秀，也都寫了出色的論文。

那麼，哪一位研究員的評價比較高呢？

結果是A。各位或許會覺得不公平，但大家眼中的好人，不一定能獲得好的評價。

A專注在自己擅長的領域，所以能夠提高專業度。再者，他把自己不拿手的事情交給更厲害的人，請對方幫忙，因此也成功地將整體水準拉高。至於幫助A的人，因爲很高興自己擅長的領域能切合別人的需要，做起事來也更有動力。

A的做法沒有讓任何人吃虧，結果皆大歡喜。

這是A刻意不當好人、不看別人臉色，斷然拒絕自己做不到或不擅長的事情，最後獲得好的結果，讓自己與對方都能共享喜悅、建立雙贏關係的好例子。

## 畫出自己的底線

自己理虧的時候，有時固然得承受他人的斥責。但如果對方帶有惡意，責備時很可能會連你的人格都否定。遇到這種情況時，必須清楚畫出自己的底線，讓對方知道「我雖然有錯，但你的攻擊也不能太過分」。有時儘管認爲對方的指責並不恰當，只是單純的人身攻擊罷了，但也很可能會覺得，反正無法跟對方明講，告訴自己「聽聽就算了」還比較實際。但是爲了保護自己，我們必須把底線畫清楚、讓對方不再越界。

各位或許會覺得有點進階，但我還是想爲各位介紹一下，當自己的錯誤遭到指責、可能會演變成唇槍舌戰時，以言語巧妙扭轉劣勢的達人所使用的技巧。

據說擅長交涉的道上兄弟，就算自己有錯，也會先讓對方說個過癮。他們會故意讓對方把想說的話都說完，當對方沒東西好說，開始人身攻擊、抱怨「你每次都這樣」的時候，他們就會展開反擊。

**「我確實也有錯，但也不至於被你說成這樣吧？」**

**「你話說得這麼難聽是什麼意思？」**

他們不但能讓對方後悔自己做出人身攻擊，還能將劣勢扭轉爲優勢。雖然黑道是個與我沒有交集的世界，但聽到有人明明是去賠罪，最後卻能占了便宜回來，就覺得自己一定要學學這種方法。

這個手法也類似格鬥技中使對手「疲於攻擊」的技巧。在格鬥比賽中，出招攻擊的一方會消耗莫大的能量，所以無法長久持續。等待對方氣力耗盡的那一刻，防守的一方再展開強烈的反擊。就像在拳擊比賽中，一開始死命防守，躲過對手的拳頭，等到對手累得停下來的時候，再使出致命一擊。

我有位朋友以前曾在餐廳打工，聽過店長對發酒瘋的客人說：「你可以揍我沒關係，但我可不會白白被打。」可能也因爲店長看起來一臉橫眉豎目的樣子，這位喝醉的客人立刻閉嘴，不再鬧事。我想這也是個很好的例子。

## 先捧人，再指責對方的行動，但不能詆毀人格

接下來要介紹的C女士，她的方法對大家來說，或許較容易實踐也說不定。

C女士是法裔猶太人，在研究所學習音樂理論，並以作曲家的身分活躍於

樂壇。與製作人、演奏家等許多音樂界人士一邊討論，一邊創作作品也是她的日常。

C女士是一位擅長抓住人心的天才，就算是與她意見不合、被她以尖銳的語言攻擊，甚至看似敵對的人，到最後都會變成她的夥伴。

她對別人發怒時，會很小心地只否定對方的行動，卻不詆毀對方的人格。

舉例來說，如果對方在需要合作的場合不守規則，她不會一開始就指責，而是會先稱讚對方，把他人捧得高高的；她捧人的時候，也絕不吝於在言語上大力稱讚。當對方被誇得飄飄然的時候，再若無其事地告訴對方，不遵守規則「實在不太好」。

她不觸及對方的人品與個性，只確實指出希望對方修正的行為，告訴對方「這樣做不太對喔」。這個方法不否定對方的人格，卻能一針見血地傳達她想說的事情，成功讓對方覺得內疚。

## 面帶笑容，堅持主張

D先生是日本某電器大廠的董事會成員，也是位幹練的商業人士。他從技術人員做起，後來轉戰歐美地區業務、協助在國外成立分公司，後來甚至還在總公司負責重要職位。

事實上，D先生是位身段柔軟、體貼旁人的出色紳士，也很擅長談判交涉，懂得如何向全球各國的商業人士推銷自家公司的技術。

前面說過，傳統的教育和社會氛圍讓我們往往說不出「NO」，有時在國際場合上還會被當成肥羊。而在那個大家都還不太清楚海外貿易如何進行的時代，該怎麼做，才能既不被敲詐，又能與貿易對象建立良好關係，帶領事業邁向成功？

話說，D先生在談判場合中總是面帶笑容，對於自己的主張，也絕不妥協。

他會仔細聆聽對方說話，展現出尊敬、善解人意的態度，卻不會輕易讓步，反而往往在不知不覺間讓對方按他的步調走、同意他提出的條件。D先生說話的方式絕不會傷害對方的尊嚴，甚至會讓對方覺得，照D先生的方法去做，才能使彼此都得利。

我認爲，松下幸之助先生也是一位反擊的達人。據說在談生意的時候，即使對方殺價，他也能清楚地表達無法降價的理由，不會妥協。他在交涉時，會採用類似這樣的說詞：**「這是我的員工拚老命研發出來的商品。我可以拿少一點利潤沒關係，但即便如此，價格也不能再低了。因為我無論如何都想回報這些負責研發的人，能不能拜託您用這個價格買下來呢？」**他拿出正當的理由，巧妙拒絕對方殺價，客戶也因此不得不接受。

或許各位會覺得，「我不過一介平凡人，哪有辦法用這麼聰明的方式反擊」，但事實上，我們還是有一些方法可以學習，這個方法就是「自我肯定訓練（assertion training）」。這是一種溝通技巧，在不侵犯他人權益的前提下，透過選擇適當的行爲和陳述，維護自己基本且合理的權利，也就是以社會能夠接受的方式表達情感，而不感到焦慮。既能尊重對方，也不壓抑自己的情緒或想主張的事情，並藉此導出對彼此都有利的結論。

## 自我肯定訓練

在自我肯定訓練中，首先將溝通方法分成三種，分別是「被動型」「攻擊型」與「肯定型」。

舉例來說，不擅長說出自己意見的人，會優先考量對方的感受，如果對方態度強硬，往往會就此吞忍、不表達自己的想法。這種人就屬於「被動型」。

反之，放任情緒爆發、想說什麼就說什麼，或者惱羞成怒的人，就屬於「攻擊型」。把自己想說的話說出來或許很爽快沒錯，但如果說出傷害別人的話，就可能無法建立人際關係，最後遭到孤立。

至於「肯定型」的溝通，具有重視自己也重視對方的特徵。這樣的人會採取適合當下狀況的表現方法，忠實地傳達自己的情緒感受。而就結果來看，即使彼此意見對立，也不會立刻扭曲自己的想法，或強迫對方接受。這樣的人能在彼此提出意見的過程中，找出雙方都能接受的結論。

重點在於，表達意見時要以「我」爲主詞。

「我覺得……」的說法不僅能坦率表現自己的感受，也能展現出「我並沒有責怪你」的態度，所以能避免對方的報復。

舉例來說，如果質問對方「爲什麼要說這麼過分的話」，對方就會覺得你在責怪他，於是反駁「你自己還不是一樣」，最後演變成吵架。

但只要換個說法，像是「被你這樣說，我很難過。請你以後不要再這樣」，對方接收到的訊息也會跟著改變。如此一來，就能很有效地達到讓對方「別再這麼說」的目的。

不忍耐，也不責怪對方，而是思考該如何用字遣詞，才能讓對方完整接收到自己的心情，並隨時注意自己是否坦率地表達出眞正的想法。

更重要的是，這麼做可以減少被別人當成傻子利用的情況，也能避免因爲一時氣不過、理智斷線，而口吐暴言，失去對方的信任。

舉例來說，因爲對方不守時而發生口角時，可以把「我」當成主詞，這樣告訴對方：

**「我已經配合跟你約定好的時間，安排了許多計畫。雖然我很期待能好好享受這段時光，但現在全都泡湯了。我真的好難過。你要幾點才能來呢？」**

如果以「你」爲主詞，質問對方「你爲什麼……」，對方可能會覺得遭到責怪而反彈。但若是以「我」爲主詞，就能確實傳達自己對計畫付諸流水的不滿，也比較不容易引發對方的反駁，說不定還會因爲內疚而老實承認自己有錯。

重點在於，必須在對方破壞約定後立刻說，或是在對方心情好的時候說。請避免在對方肚子餓、有壓力或想睡時提起。這是因爲血清素不足的時候，更容易讓人覺得自己遭到責怪，如此一來，就很難期待彼此的對話品質能好到哪裡去。

## 培養「語言運用力」

前面試著介紹了幾種反擊方式，不過我想提醒大家的是，不妨把「想想該怎麼回嘴」當成樂趣。

當然，觀察周圍的人怎麼做，也是一件很有趣的事情。

很多人在探討「發怒」的問題時，都把它當成心理問題來思考。但我覺得，這其實有可能是語言能力的問題。

大家在學校都會上國語課，但是在課堂上所學的幾乎都是「書面文字」，練習口語表達的機會出奇地少。

我想，應該很少有人能在自己平常的對話中，有意識地使用「即使生氣，依然擁有安撫能力」的語句。

正在翻閱本書的你，毫無疑問地具備閱讀所須的能力。但意外的，你可能從來不曾好好學過如何使用對話中的語言，例如遭到他人強迫時，該如何強硬反擊；或是被別人當傻子耍的時候，該如何巧妙閃躲。

雖然這些能力也被稱爲「溝通力」或「人間力」（泛指在社會中，一個獨立個體能不屈不撓活下去的綜合能力），但我覺得這單純只是「語言運用力」的一環罷了。

現在已經知道，語言能力是一種絕大部分取決於後天因素的資質；換言之，如果這是語言能力的問題，不是虛無縹緲的人間力，那就非常值得學習。俗話說「勤能補拙」，對於不習慣在語言上反擊的人來說，只要盡量擴充「反擊語句庫」，必定能帶來自信。

而從另一個角度來說，這表示大家在對話方面所下的工夫多半不夠。不擅長透過言語反擊的人，只要意識到「關於這方面，我的學習還不夠」、改變意識、了解「學習更多話術，就有可能解決目前的問題」，不是更能讓自己輕鬆一點嗎？

記住各種不同模式，並用自己的方法一邊想像情境、一邊驗證、一邊練習。例如「這句話應該可以用在上個禮拜那種狀況」，或是「如果是那個人的話，可以用這種方式回嗆」等等。

請想像一下：如果能記住各種模式、各種語句，以充滿智慧的話語回應對方粗暴的言論或攻擊，想必能讓每天的生活過得更愉快、更有活力。

或是可以透過綜藝節目學習「毒舌藝人」的說話方式，看看他們如何把「發怒」當成炒熱氣氛的工具，如何「嘴賤」但不傷人，也可以閱讀前面介紹過的漫畫……等等。

## 不傷人的發怒，是重要的武器

當你想跟對方說「我覺得你的說法有點不合理」前，若能先在腦中的資料庫儲存各種不同模式的語句，在往後的人生裡，必定能成爲強大的武器。

當上司諷刺：

**「你只是在浪費時間。」**

你可以試著反駁：

**「您拿來說這句話的時間，不也被您浪費掉了嗎？」**

或者乾脆讓他說個夠，再提出正當的理由，讓對方自覺理虧：

**「您差不多說夠了吧？再說下去，就真的是浪費時間喔。」**

有些人雖然不擅長回嘴，卻能用短短幾個字一下子堵住對方的話。例如用簡單的「好，結束！」畫下句點，讓對方閉嘴。也有些人光是嘆一口氣，就能讓對方失去戰意。所以一定有適合你的反擊方式。

這些反擊方式的共通點，就是誰都不會吃虧——不是那種會傷害他人、讓誰蒙受損失的錯誤發怒法，而是大家都能全身而退、聰明的發怒法。這種方法不但能將自己想說的事情傳達出去，還能在他人的攻擊火力下保護自己。

請各位找到擅長這種溝通方式的人，向他們學習如何在日常生活中閃避這些不合情理的攻擊，同時也記住一些能淡然反擊、一針見血，或瞬間讓對方消氣的話語，並透過反覆練習，內化爲自己的技巧。

我深信，透過這種方式學會的人際溝通術，以及能幫助自己巧妙運用怒氣的豐富語彙力與應用力，在未來的時代裡，必然能成爲讓自己立於不敗之地的寶貴資源。

Eurasian Publishing Group
圓神出版事業機構
用心與你對話．視野無限寬廣
究竟出版社
Athena Press

www.booklife.com.tw reader@mail.eurasian.com.tw

心理 053

# 理智斷線：
## 不暴走，不傷人，最科學的有益發怒法

作　　者／中野信子
譯　　者／林詠純
發 行 人／簡志忠
出 版 者／究竟出版社股份有限公司
地　　址／臺北市南京東路四段50號6樓之1
電　　話／（02）2579-6600．2579-8800．2570-3939
傳　　真／（02）2579-0338．2577-3220．2570-3636
總 編 輯／陳秋月
副總編輯／賴良珠
責任編輯／林雅萩
校　　對／蔡緯蓉．林雅萩
美術編輯／金益健
行銷企畫／詹怡慧．朱智琳
印務統籌／劉鳳剛．高榮祥
監　　印／高榮祥
排　　版／杜易蓉
經 銷 商／叩應股份有限公司
郵撥帳號／18707239
法律顧問／圓神出版事業機構法律顧問　蕭雄淋律師
印　　刷／祥峯印刷廠
2020年4月　初版



定價 270 元　ISBN 978-986-137-293-8

越是容易有衝突的地方，越考驗你的說話技巧。
只要說對一句話，所有尷尬的場景都有相應的化解之道。
你完全可以在不影響人際關係的前提下，好好說話，
做一個敢於並且善於維護自己利益的人。

——馬薇薇等著，《好好說話，擁抱高情商》




國家圖書館出版品預行編目資料

理智斷線：不暴走，不傷人，最科學的有益發怒法 / 中野信子 著，林詠純 譯 .-- 初版 -- 臺北市：究竟，2020.4
208 面；14.8×20.8 公分 --（心理；53）
譯自：キレる!: 科学から見た「メカニズム」「対処法」「活用術」

ISBN 978-986-137-293-8（平裝）

1. 憤怒　2. 情緒管理

176.56　　109001836